蔣竹山——主編

走讀桃園指南

從在地歷史、敘事力到地方創生，
帶你深度認識不一樣的桃園。

第二部　敘事力、SDGs 與地方創生

序言

蔣竹山

　　本書緣起於 2020 年 9 月 5 日的一場辦在中央大學歷史所的工作坊，活動名稱為「走讀桃園路線書寫工作坊」，主要邀請桃園在地的高中教師及地方文史工作者針對桃園走獨路線進行設計。當時共有十三篇口頭報告，計有：〈百年風華桃園埤圳〉（林煒舒）、〈毛斷桃園街〉（藍博瀚）、〈走讀桃園神社〉（黃郁惠、趙文義）、〈踏查中路〉（陳榮聲、許聖迪）、〈記憶八塊厝〉（邱述文）、〈龜山，光陰的故事〉（蘇健倫）、〈走讀澗仔壢〉（陳俊有）、〈走讀中壢五號倉庫周邊地景〉（劉醇遠）、〈走讀雙連坡〉（陳美燕）、〈記憶崁津風華〉（倪郁嵐、楊杜煜）、〈桃園多元族群走讀路線〉（朱嘉慧）、〈航空城遷徙地區的歷史人文與地理〉（鄭巧君）、〈跟著曾茂公巡守三七圳〉（謝名恒）。

　　當天的報名人數相當多，約有一百位朋友參與，大家對於桃園的走讀路線都相當感興趣，特別是 108 課綱那時剛上路不久，有探究實作課程，許多高中老師對於如何將地方學融入課程頗感焦慮，因此想透過這活動進一步了解。會後，我持續與這些報告者聯繫，看看能否將口頭報告轉為文章，好讓有更多感

興趣的朋友能夠有個讀本，因此有了後續的書寫。經過一年多的努力，我們終於收到十篇文稿，文章的內容大致是以行政區劃分，但也不全然是，像是霄裡區域，就涵蓋八德和大溪地區。其餘行政區還有桃園、中壢、楊梅、新屋、龜山及復興區，美中不足的是，我們還欠大園、觀音、蘆竹、龍潭及平鎮，希望日後有機會的話，可以補足沒處理到的地區。

　　除了第一部分的走讀桃園的文章外，本書還有另外一部份與地方有關的主題，那就是大學裡如何以聯合國永續發展項目（Sustainable Development Goals, SDGs）的視角進行議題導向敘事力創新教學，以及大學裡如何操作社會實踐（University Social Responsiblility, USR），這些也都與認識桃園有關。

　　在敘事力計畫方面，本計畫主旨在培養大學階段的敘事能力。計畫由中央大學文學院主導，以「說故事」，特別是「數位說故事」之敘事型態，作為核心的教育目標，並強調以知識為基礎的敘事，藉由數位工具而呈現與傳播，培育將知識轉化為故事的多元敘事能力。本計畫以議題導入敘事教育，一則為了引起學習動機，另則透過聯合國永續發展目標，開拓學生的國際視野，並培育社會實踐的關懷。本計畫結合文學院內三個不同專業領域的六名師資，另邀請兩位來自客家學院的社會學者與管理學院的會計學者，組成跨領域的教師社群而籌設「負責任消費與生產」敘事力課群。本課群含七門課，從基礎的現象與理念（人文與科技發展、說一個良心的故事：負責任的消費與生產），到工具與方法的鍛鍊（知識寫作與思考、數位傳播素養與批判思考），到特定主題的示範與應用（認識桃園與地方社會、歷史：走踏桃園與跨域敘事、飲食生活與文化創意），透過「負責任的生產消費」議題，規劃有脈絡的敘事力課程。

　　以議題導入敘事教育，其原因是為了引起學習動機，而且讓敘事的學習有一個明確的應用領域。本計畫遵循總計畫的建議，以聯合國永續發展目標作為議題的來源，則更能開拓學生的國際視野，並培養社會關懷。本計畫特別選定 SDGs 第 12 項目標「負責任的生產消費」（Responsible Consumption and

Production, SDG-12）作為核心議題，是因為它與學生的日常生活密切相關，也是學生的生活經驗能及之處，所以較能引發學習動機。本計畫籌組之課群中，《人文與科技發展》帶領學生較為全面地認識 SDGs，但安排較多課聚焦在 SDG12。

此外，教育部近年來努力以「敘事」做為推動跨域整合的橋樑，而敘事的一個重要元素就是從生活中的感知、觀察，轉化為表達溝通的能力。「消費文化」不僅是「買」與「賣」的關係，更兼有「人與人」、「人與物」的內涵。基於教育本質是培養一個健全的人，正確的生活型態、愛惜地球資源、具有獨立自主的判斷力、維持穩定正義的社會結構，都是很重要的養成目標。課群中的《數位傳播素養與批判思考》、《說一個良心的故事：負責任的消費與生產》專注於 SDG12 的相關現象與理念。

單純的知識難以感動人心，需將知識轉化為故事，使其有人物、有情節，才有機會讓更多人樂於閱讀，也才有機會進一步感動讀者，達到溝通或傳播的目的。本計畫選擇以「說故事」為主要敘事型態，部分原因是文學院同仁擅長於此，而這也是我們期望大學生發展的能力——我們的教育對象不限於文學院的學生。

本計畫在「說故事」之中，又特別強調「數位說故事」，其原因在於我們就生活在數位環境中。數位媒體已經充斥在我們的生活，數位化的文本、圖像、聲音、視訊、虛擬或擴充實境、穿戴式載具，在本質上全都是媒體，也就全都可以成為說故事的載體。要在這樣的世界裡有效地說故事，當然需要特別有效地操作這些媒體。

課群中每一門課都有「說故事」的成分，其中《人文與科技發展》因為是大一基礎課程，主要的學習活動是聽別人「說故事」，建立優良故事的品味與分析、鑑賞能力；《知識寫作與思考》、《數位傳播素養與批判思考》、《說一個良心的故事—責任生產與消費》則是專為「數位說故事」做基本工具與方

法鍛鍊的課程。本計畫的成果報告也將聚焦在「數位說故事」的重點上。

為提供學生在特定應用場域的「說故事」實作機會，課群提供三門課程：《認識桃園與地方社會》、《歷史：走踏桃園與跨域敘事》和《飲食生活與文化創意》。

敘事力計畫中有客家學院的社會學者，從社會學的角度切入消費議題，也有管理學院的會計學者，從經濟與管理者的立場看待生產議題。團隊也有來自文學院三個專業領域：中國文學、歷史、數學教育的六名師資，共創此計畫的跨領域教師社群。

為了具體將核心議題落實於場域實踐，除了教師在課程中納入相關議題之外，也鼓勵學生就地理場域（桃園）中的產業議題（飲食）完成期末作業。期末作業的要求是以多元敘事形式，對議題進行討論。但如何能讓議題更為發酵？影響力更大？學生的作業便不能只是一次性的報告。本計畫將透過各種管道，提高學生作業曝光機會，持續發揮影響力。我開設的是「認識桃園與地方社會」，強調對 17 家食品廠商做實際訪查並進行故事轉譯，最後以期末微策展的方式展示同學多元敘事寫作的成果（桌遊、口述訪談、網站、影像、臉書、IG、部落格、Storymaps），並對外開放分享成果。

「認識桃園與地方社會」的課程是通識課程既有課程，這是筆者第一次承接此課程，課程將大量融入敘事力的教學。除了第一周到第四周主軸以桃園學的地方知識視角來教學，提供同學思考消費的背景與分析能力外，自第五周也開始就學習說故事能力，每一堂課都以說故事的敘事力融入結合桃園的在地知識與飲食課題。

事實上，物、地方知識與歷史記憶很容易透過故事的方式讓人理解：例如桃園會有這麼多的東南亞移民工，他們在什麼樣的工廠工作？RCA 水汙染事件是什麼？為什麼一個環境運動官司會打了一、二十年，還沒結束？桃園有食品安全事件嗎？桃園這十七家食品產業博物館有何特殊的故事可以和本課群的

主軸扣合？我們期待透過這些在地的桃園故事去理解它們與 SDGs 的關聯性。希望同學可以學習到議題理解與分析、敘說故事的能力，最後進行各種轉譯，實作出各種敘事作品。

議題與融入敘事力的作法如下：

1.　**課程模組化**：將課程分為議題專業分析、議題故事化、故事與敘事力養成、數位敘事實踐等四部分。
2.　**議題故事化**：強化學生的日常生活經驗，進而引發其對周遭環境的興趣與熱情，並進行有興趣的個案故事發想。
3.　**說故事與敘事力學習**：從故事發想、企劃到文本創作。
4.　**數位敘事實踐**：經由現實世界的理解，就能跨領域學習。學生在真實環境中，藉由不同類型的故事寫作：在臉書、部落格、新媒體、非虛構寫作、影像、故事地圖、桌遊、口述歷史、國家文化記憶庫等等，透過多重的技巧學習數位敘事實踐。

第二部分的最後兩篇則是中央大學學務處服學中心帶領學生，成立雙連時光藝站工作隊，進去學校附近的雙連社區，進行類眷村老兵爺爺的口述訪談，參與眷村文化節，舉辦社區的女性多元文化藝術節等藝術浸潤社區的活動。

整體而言，我們希望以這本《走讀桃園指南》，介紹桃園的在地老師、學生、文史工作者這些年來的調查桃園、書寫桃園及將以 SDGs 融入課程及地方社會參與的各種故事，讓有興趣的朋友更進一步的認識桃園歷史文化，翻轉網友認為「桃園是最難玩的城市第一名」的刻板印象。

走讀桃園 路線書寫工作坊

主辦單位：中央大學歷史所公眾史學研究室、麥田出版社

時間：九月五日（週六）早上九點到下午一點

地點：中央大學文學院人文講堂（C2-224）

發表順序

1 百年風華桃園埤圳
2 毛斷桃園街
3 走讀桃園神社
4 踏查中路
5 記憶八塊厝
6 龜山，光陰的故事
7 走讀湳仔庄
8 走讀中壢五號倉庫周邊地景
9 走讀雙連坡
10 記憶崁津風華
11 桃園多元族群走讀路線
12 航空城邊徒地區的歷史人文與地理
13 跟著曾茂公巡守三七圳

報名表單

發表人

1 林煒舒 元智大學講師
2 藍博瀚 陽明一街實驗工坊發起人
3 黃郁惠 桃園高中教師
4 趙文義 桃園高中教師
5 陳榮聲 許聖迪 武陵高中教師 記憶八德粉絲團版主
6 蘇健倫 壽山高中教師
7 陳俊有 巷仔46文化共享空間主持人
8 劉醇逸 桃園藝文陣線理事長
9 陳美燕 六和高中教師
10 倪郁嵐 楊杜煜 大溪高中教師
11 朱嘉慧 武陵高中教師
12 鄭巧君 政大歷史所博士
13 謝名恒 交大客家文化學院博士生

計畫名稱：大二歷史教學創新策略與行政佈局Ⅲ
【物、空間與歷史記憶：桃園學的田野考察與實作】
圖片出處：桃園文化局第2屆學藝員角落故事組

第一部

走讀桃園與認識地方

毛斷桃園街

文、圖／藍博瀚（陽明一街實驗工坊）

前言

　　「毛斷桃園街」的「毛斷」是什麼？其實就是日治時期的外來語「摩登」（modern）一詞，用臺語發音來翻譯的結果。這一詞現在多被用在臺灣文學的現代性書寫中，展現日治時期「島都」臺北的都市與摩登意象，臺北的三線道、咖啡館與自由戀愛都成為重要的元素。浸淫在現代化浪潮中的臺灣，毛斷其實並不只有出現在大城市之中，甚至深入到了地方街庄。

　　此外，「桃園街」是什麼呢？是一條街嗎？桃園街一詞首現於清領時期，其原泛指桃園市街，這個臺北通往新竹官道之中的商業聚落。到了 1920 年 10 月 1 日，臺灣總督府開始進行自統治臺灣以來最重要的行政區域劃分及地方制度改革，實施「州廳－郡市－街庄」三級制。桃園街正式成為同今日桃園區的行政區，並已於 2020 年滿一百年了。藉著這篇文章紀念桃園地方改制 100 週年的同時，搭配著首次曝光的 1931 年桃園街〈大日本職業別明細圖〉地圖，這次就由筆者帶領讀者走讀因時空遞嬗而逐漸模糊的那段摩登時光，看見日治

13

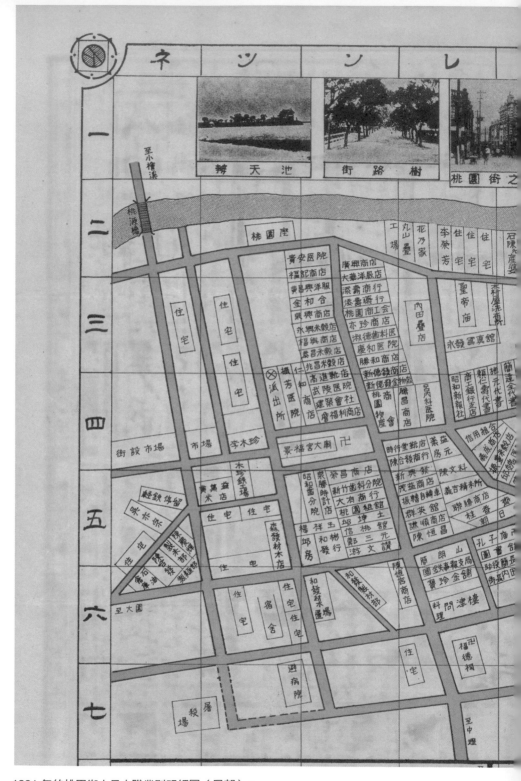

1931 年的桃園街大日本職業別明細圖（局部）。

（資料來源：小松豐，〈大日本職業別明細圖：中壢街、桃園街、大溪街、板橋街〉，臺北：東京
興信交通社，1931年。國立臺灣歷史博物館藏。）

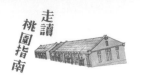

時期桃園街超出讀者想像的「毛斷」。

🌑 鐵道與軌道的運輸記憶

　　日治時期的桃園街，是北桃園地區的政治中心。另一方面，亦是北桃園地區物產轉運樞紐與交通門戶，成為許多來訪桃園的旅人墨客，賦比為三國桃園三結義、桃花源記之地。其中如西川滿，在《桃園の客》中即將桃園揮灑為劉銘傳特地三顧茅廬，請隱士顏沈元任官的場景。

　　桃園的鐵道運輸記憶，始於 1891 年清領時期，自臺北延伸至新竹的鐵道通達桃園，並且設置票房於東門溪畔。1901 年的「鐵道改良」工程將桃園車站搬遷至現址。其後，1913 年重修成和洋混合風格的桃園車站，成為桃園顯著的建築標的。車站作為北桃園地區物產轉運的樞紐，過去迎接著日本的皇族貴賓、運輸著桃園名產糯米、斗笠與洋傘、大園西瓜、大溪煤炭、樟腦與茶葉。因此日治時期站前便圍繞著貨運倉庫、農業倉庫、旅館、巴士站等設施，並有密集的輕便軌道穿插其中。站前的廣場，亦成為迎賓的門面，曾聳立著迎接皇

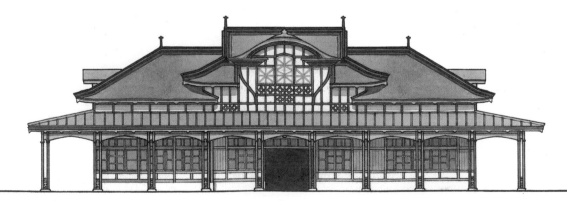

車站的復原樣貌。

族貴賓的綠門，亦曾在 1933 年 12 月立著「桃園自治展覽會」的迎賓門，迎接來自臺灣各地前來參觀的群眾。

　　時至今日，與鐵道運輸相關的產業設施被高樓與百貨取代，不過依舊有可以見證這段歷史的老建物保留。「桃園軌道願景館」即是將 1936 年興建的倉庫再利用活化，其前身為新竹州農會肥料配合所的肥料倉庫。館內現今既回顧百年來桃園運輸發展歷史，亦展示著未來運輸的願景。隔壁的倉庫則為日本數一數二大的貨運公司「日本通運株式會社」所興建的貨物倉庫。

● 消失的行政官廳現代風貌

　　今日的中正路，日治時期被稱為「桃園停車場道」，又被稱為桃園街驛前通，在 1901 年開闢後沿路陸續設置官署，呈現出具現代化氛圍的官署建築群。最早在 1904 年在此設立了桃園廳舍（即是地圖照片中的桃園郡役所建築），而後銀行、官廳、小學校在此聚集，建築風格不脫擬洋風的木造雨淋板或歷史主義的厚重西式語彙。在官廳興建的同時，道路兩側種滿相思樹，即是地圖中

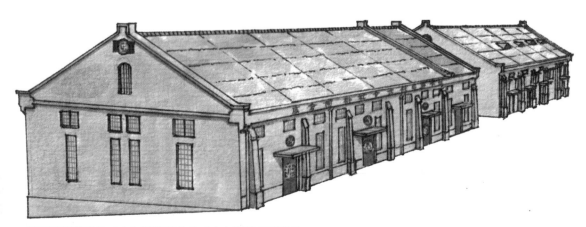

桃園軌道願景館（右）與鄰棟倉庫（左）原始復原樣貌。

稱為「街路樹」的桃園名景，可惜這樣的景象在 1937 年為了鋪設柏油道路及自來水埋管工程，兩旁綠蔭均被砍除。同時在 1930 年代，新竹州廳展開這些不堪使用的官廳更新，以土綠色系裝飾，並重複的使用現代式建築以描述。其中「桃園街役場」，以昭和天皇登基御大典紀念之名募集鉅資興建，由河島傳右衛門設計，於 1930 年建成，以豐富的幾何造型呈現裝飾藝術風貌。

戰後在 1980 年代的桃園縣政府遷移計畫將這批官署建築徹底移除，如今這片行政區，僅存桃園 77 藝文町作為印證，這片宿舍是 1937 年建成的桃園郡警察宿舍，經修復活化後成為桃園區第一處活化的宿舍群。透過老照片與手繪復原，亦可遙想這些官廳建築群過去美麗的面貌。

● 大廟口的繁華故事

走在中正路上，可以發現在廣文街口中正路稍稍彎曲，越過路口後中正路端點的「大廟」景福宮這才現形。這樣的彎曲，是日治時期如外科手術般切割清領時期既有市街空間紋理後，所留下來的縫合處，也正是景福宮座向與桃園車站軸線的銜接處。桃園市街的道路總共經歷了三次的大改造，其中最直得一提的，莫過於由當時首任漢人街長簡朗山所主導的 1923 年市區改正。

1923 年市區改正即是以景福宮為中心的商業市街為目標，將清領時期狹窄蜿蜒的道路拓寬拉直成棋盤狀的路網，也因此道路兩側的街屋必須拆除退縮，甚至 1813 年建成的景福宮亦被拆遷退縮，形成現在熟悉的大廟口圓環。

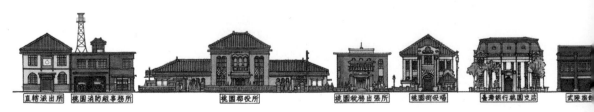

桃園官廳復原樣貌。

這次市區改正，推測幕後在圖紙上策劃這一切的，應是時任桃園街土木技手河島傳右衛門，這位日本山口縣人，規劃了桃園市街棋盤狀的街道藍圖，同時任內也設計了三棟具有代表性的公共建築。

其中唯一一棟他所設計的現存作品，為 1927 年 9 月新建落成的大廟口派出所。這座派出所即是在市區改正後緊鄰景福宮而立，並以「大廟口」命名，在設計上可見河島先生的諸多巧思，預先設計了官廳罕見的騎樓，以便之後與兩側的街屋連接。二樓兩側各裝飾著兩個紋章，一為代表警察的警察旗章，另一為代表保甲的「保」字，即是說明派出所一樓為警察派出所辦公空間，二樓則為桃園保甲聯合事務所。這棟由街民捐獻，耗費鉅資興建的派出所，當時甚至有全島第一的派出所之稱。二樓的保甲事務所作為集會空間，成為桃園街許多會議的興辦地，現今重新修復開放後見證日治時期地方治理的歷史。

在「市街改正」的推動中，桃園街的仕紳在簡朗山街長的主導下，於1925 年拆遷主祀開漳聖王的景福宮，這座桃園街已矗立百年的中心信仰拆遷向後退縮讓出了廟埕綠園，原來三進三開間的格局重建成現今兩進九開間，重簷歇山假四垂的大木作，由臺北知名師阜陳應彬與吳海桐對場，同時也有桃園街仕紳「墨禪」鄭永南題字，至今亦還可見 1920 年相當流行的花果彩瓷花磚。廟埕綠園建成後曾興建了洋式戲臺與植樹，鄰近廟的街屋被拆毀進行道路拓寬，大廟口成為了道路環繞景福宮的圓環，形成桃園街的特殊市容。

在市區改正後被拆毀的街屋，受〈家屋改良細則〉的規範設立騎樓，地方政府亦要求店街翻建洋樓或是興建牌樓。自此，紅磚造及華麗的歷史主義街屋成為市街的新面貌。中山路上的黃景美布店即是一例，辰野式的紅白飾帶搭配著山牆上碩大的黃字呈現。三層樓的店街即是地圖中「桃園街之景」中最高的建築，是當時展示桃園街必拍的角度，也成為拍攝大廟口全景的最好眺望點，拍與被拍之間，無不呈現出這棟街屋的特殊性。

然而摩登並非一成不變，1920 年流行的紅磚裝飾，至 1930 年代與時髦的

白小口磁磚相比，隨即遜色。中正路新民街路口便是最好的見證，兩棟各據一角的街屋，都曾貼滿白小口磁磚。其中 1929 年建成的桃園信用組合，為一棟弧形轉角的二層街屋。建築外觀以線腳仿石砌分割，騎樓內部則貼滿白小口磁磚。除了作為組合的辦公室，二樓亦是重要集會空間，舉辦過桃園街知名漢詩社「桃園吟社」的吟詩會。

中正路新民路口 1933 年由來自雲林的邱魏牙醫生落腳開設邱魏醫院，立面貼滿的白小口磁，追逐流行的同時亦樹立醫院乾淨潔白的形象。當時還有引進桃園街少見的 X 光機。幾年前承租店家卸下招牌時，可以看見將「邱魏」改為「源芳」醫院的珍貴泥塑題字，證實了這段歷史。同時在醫院的側邊柱上的一支燈座，可以佐證 1937 年報中刊登，於桃園驛前通裝設非常具有摩登風貌的鈴蘭燈路燈。

大廟口派出所手繪復原樣貌。

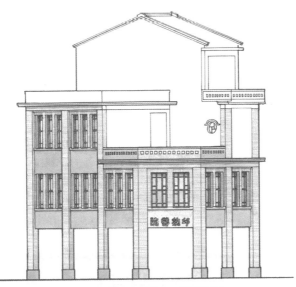

（上）

邱魏醫院手繪復原樣貌。

（下）

桃園街大廟口 1938 鳥瞰圖。

21

● 市場前的毛斷街口

市區改正除了景福宮的重修，也開闢了廟後的道路，就是現今的中正路。一旁的鹽館後陂被填平後，1932年興建成為桃園消費市場，也就是永和市場的前身。這座市場同樣由河島傳右衛門設計，使用土綠色系的裝飾，並搭配拱窗、拱門的歷史主義的風格。這座市場建成後，周遭隨之興建起街屋，並大量使用1930年代流行的土綠色系面磚與洗石子。臺灣地理學先驅富田芳朗，即拍下了廟後1935年興建的店街，視為桃園「昭和型」街屋的代表。

市場前的路口成為了店街競相興建的黃金地段。1936年吳亦宗在市場對面仿效臺北菊元百貨經營方式，將原有的洋服商店增建成四層樓街屋，成為全市街中最高的建築，廣告中地址即標為「市場前」。一樓販售和洋雜貨，二樓販售吳服洋服，三樓則為食堂，四層樓兩側則作為庭園，是一棟不折不扣的百貨屋。樓上的食堂，在用餐時亦可眺望大廟口的街景。對面則由來自大竹圍，從事精米和製糖業的黃姓家族，興建一棟華麗排場的店街，至今被帆布包覆之

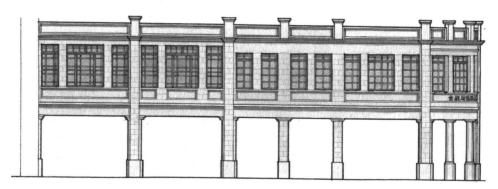

桃園信用組合手繪復原樣貌。

下還藏著顯目的「黃」姓標示，其中轉角還曾開設第一酒家，為二戰末期於桃園飛行場起飛「特攻」的飛行員，前一晚酒宴盡歡之處。

　　不難想像市場前逐漸成為一個新興摩登夜生活的場域。酒樓、料理屋、咖啡館、食堂在此林立，甚至形成山線、海線與中央線三條酒家聚集區。1939年，桃園前輩畫家簡綽然即以桃園消費市場的轉角繪製成《夜のスケッチ》（夜之素描）水彩作品，入選第二回府展，描繪市場轉角在夜間人潮未散的場景。市場前也是桃園街各式活動的發生場域，1933年桃園自治展覽會在此連續舉辦馬戲團表演。1942年臺灣著名導演林摶秋與劇作家簡國賢，參與的桃園演劇團雙葉會也曾在這個路口街頭宣傳演出。

　　桃園車站到永和市場這一公里長的道路，從過去的驛前通到現今的中正路，串連起百年來的摩登景貌。這一連串的的地景，讓我們看見了河島傳右衛門巧手設計與佈局、西川滿筆下的歷史懷想，以及簡國賢與林摶秋舞動著的青春，也在簡綽然的捕捉下留存凝滯的光影。

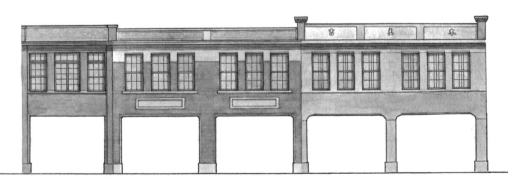

富田芳郎曾拍下的廟後街屋復原樣貌。

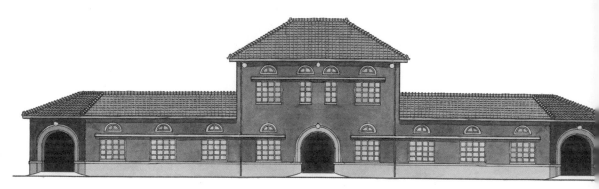

桃園消費市場原貌。

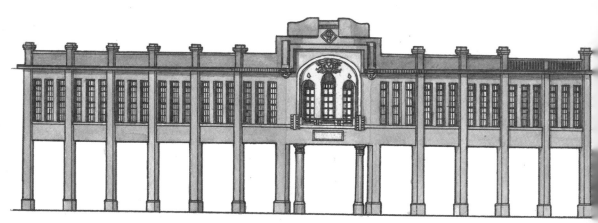

黃姓家族興建的街屋曾開設第一酒家。

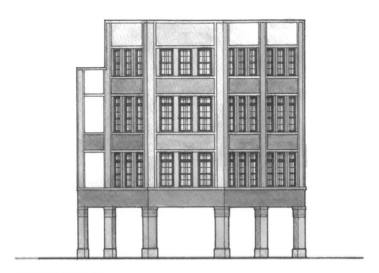

信東商店復原樣貌。

● 結語

　　1934 年的〈桃園小唄〉，恍若依然在春風中繚繞著，歌詞中「桃園是文化的黃金時代」是如此有自信的展現桃園。期盼著百年後的現在，生活在這座城市的人們，能有著一樣的自信，找到屬於桃園文化的黃金時代。這座城市曾如同一座輪番上演的摩登舞臺，還有多少創作者、設計者、實業家在此揮灑想像力呢！有賴你我一同來這座城市發掘。

〈桃園小唄〉[1]

一、桃園よい處スマートナ町よヨトコラシヨ　ヨトコラシヨ

　　桃園的好地方時髦的町

　　粹な役場に銀行ならぶ茄苳並木にやヨトコラシヨイ　ヨトコラシヨイ

　　在氣派的役場旁銀行與並列的茄苳行道樹

　　春霞ヨトコラシヨイ　ヨトコラシヨイ　ヨトコラシヨイ

　　春天的靄霞

二、桃園の名所は辨天池よ

　　桃園的名勝辨天池

　　青葉隱れに日傘が動く

　　隱藏在綠葉下的陽傘轉動著

　　赤い祠の

　　紅色的祠的

　　モダン振リ

　　現代姿態

三、食べて見なされ桃園西瓜

　　吃看看吧 桃園西瓜

　　味は初戀心が躍る

　　味道是初戀般的心躍動

　　鰻に丸糯ちや

1　〈支局開設祝賀紀念 桃園郡紹介〉，《昭和新報》，1934 年 8 月 25 日，版 10。

如同鰻魚跟糯米糰一樣

日本一

都是日本第一

四、角板山の頂まででは

直到角板山的頂端

桃園街よりレールとバスよ

自桃園街來的軌道與巴士

お茶摘み乙女を

採茶的少女們

斜に見て

可以從車的側面看到

五、御代は昭和じや忘れちやならぬ

不能忘了天皇的治世是昭和

勵め明るく勉めよ強く

明朗地勤勉著堅定地努力著

桃園は文化の

桃園是文化的

花さかり

黃金時代

〈支局開設祝賀紀念 桃園郡紹介〉,《昭和新報》,1934 年 8 月 25 日,版 10。

〈國語常用を強調 桃園双葉會が活躍〉《興南新聞》,1942 年 4 月 22 日,版 3。

小松豐,〈大日本職業別明細圖:中壢街、桃園街、大溪街、板橋街〉(臺北:
　　東京興信交通社,1931,臺灣歷史博物館藏)。

西川滿,《桃園の客》(臺北:西川滿,1943)

藍博瀚,〈「大廟口與博愛路」歷史調查報告〉,《桃園西門町風華博愛老街
　　文史紀錄》(臺北:文史哲出版社,2016)。

藍博瀚,〈大隱於市的桃園舊城老屋:街屋考現學〉,《文化桃園:老屋新靈
　　魂》23 期 (2019),頁 72-77。

藍博瀚,〈日治時期桃園地區行政官廳的建築變化〉,《桃園文獻》9 期
　　(2019),頁 81-100。

藍博瀚,〈日治時期桃園街空間的現代化過程〉,《物、空間與歷史記憶:
　　2020 桃園學》(桃園:桃園市政府文化局,2021),頁 137-177。

藍博瀚,〈日治時期桃園街空間的現代化過程〉(臺南:國立成功大學建築學
　　系碩士學位論文,2019)。

桃園 · 與「神」同行

文／黃郁惠、趙文義（桃園市立桃園高中教師）

 前言

　　昭和9年（1934）九月起，日本開始倡導「一街庄一社」的政策，期許每個地方行政區劃都能建設神社，以培養對神道教的崇拜，臺灣也掀起了建造神社的熱潮。昭和11年（1936）七月，桃園郡郡守宮野為長決定興建神社，並向郡民募款五萬日圓。神社位置選定今虎頭山山麓之山丘，當時該山丘未有山名，因形式近似奈良春日山，故以春日山命名。桃園神社於昭和13年（1938）完工，原為無格社，在郡守、街長與當地居民的陳情下，昭和20年（1945）列格為縣社。

　　桃園郡桃園街原以「景福宮到火車站」為都市發展之軸線，日治後期的都市計劃預計擴大其規模，向東跨越原為護城河的東門溪，往山區方向擴展。在此都市計劃下，配合桃園神社的建立，新拉一條由桃園街通往神社的道路：自桃園第一公學校（今桃園國小）出發，經過第二公學校（今東門國小）、桃園農業學校（今北科附工）及大檜溪後，最後抵達桃園神社的參道。

神社建設時，米穀協會、產業組合與共榮會、陳合發商行分別在東門溪昭和橋前（今成功路與民生路、朝陽街一段附近）、大檜溪宮前橋前（今成功橋前）、神殿前獻納鳥居，再加上今臺北榮總桃園分院前豎立的鳥居，共四座鳥居，今大多已不復見。

路線

桃園神社現規劃為「桃園忠烈祠暨神社文化園區」。今桃園區成功路即為當時神社路參道，「走讀桃園神社」的路線，便是從昔日的參道起點桃園第一公學校（今桃園國小）出發，沿著成功路走訪鳥居舊址及沿途相關史蹟景點，最後進入桃園神社參訪文物與遺構。

地景介紹

（一）一之鳥居：古今東門溪

從桃園國小出發，沿著成功路一路向前，經過桃園市區的中軸線中正路後，便會抵達民生路、成功路口，路口一帶即為昔日桃園神社「一之鳥居」的所在地，今鳥居已拆除，不復存在。一之鳥居位於昭和橋前，此橋原為木造的東新橋，由於長年使用腐朽不堪，往來交通危險，故於昭和 12 年（1937）改建此橋。新橋命名時，仿臺灣神宮前明治年間所建的明治橋之意，將新橋名為昭和橋，材質上亦與明治橋相同，採鋼筋混凝土，堅固之外也兼顧美觀。

昭和橋下即為東門溪。東門溪曾為桃園城東側護城河，長年以來守護桃園市區。穿過一之鳥居即為東門溪上的昭和橋，也象徵著從此處開始，離開人世喧囂的桃園街，走向悠然神境的桃園神社。東門溪自 1970 年代起開始有居民在溪上加蓋，進行商業活動，至今流經市區的段落已完全加蓋為「東溪綠園」

徒步區，不見昔日護城河的模樣。

（二）二之鳥居：北科附工

沿著成功路前行，會來到一處多叉路口。此處右側為桃園巨蛋，左前方為成功橋。成功橋為昔日之宮前橋，二之鳥居便座落在此橋前，然而今日與一之鳥居相同，已不復見。回首先前走來的成功路，在今日國立臺北科技大學附屬桃園農工高級中等學校校門前的路段還保有昔日參道遺緒，筆直的道路與鬱鬱蔥蔥的行道樹指引著人們走向神境。

桃園農業學校成立於昭和 13 年（1938），與桃園神社成立的時間相同，可視為桃園街都市擴張計畫的一部份。日治中期，總督府在臺灣各州設立實業學校，目的是為了培養臺灣殖民地的基層技術人員，而其中以大規模開發臺灣的農業為首要措施。進入 1930、1940 年代之後，臺灣各州陸續設置農校。北科附工原稱「新竹州立桃園農業學校」，當時以州設高中部，郡設專科學校的方式進行，為 5 年制學校，特色在於農產品的加工及多角化的農業經營，是臺灣重要農業職業人才培育所。創校初期，校園建築主要分為校舍及教職員宿舍兩大部分，兩者均為日式木造建築。後隨著專科類別、實習工場需要及學生人數增加，逐步擴建。然日治時期所見之校舍或因使用年限已至、或因危險老舊，到了 1980 年代已全部拆除改建。

1945 年更名「臺灣省立桃園農業職業學校」，1967 年更名「臺灣省立桃園高級農工職業學校」，2000 年改制「國立桃園高級農工職業學校」，2016 年改隸「國立臺北科技大學附屬桃園農工高級中等學校」。

（三）四之鳥居：雙十遺構

一般來說，鳥居多半建在神社的入口處和參道前，表示前方就是神域。鳥居的來源目前未有定論，有古印度和中國、朝鮮牌樓等說法。基本構造是兩根

柱子和橫木組成，有的會因各構件的形狀或組合方法造就多種變化，可說是神社建築的一大看點。

鳥居大致可分為沒有島木的「神明系鳥居」和有島木的「明神系鳥居」兩種類型，還可衍生出更多形式。從留存的舊照片來看，桃園神社殿前鳥居為明神系鳥居，是較為普遍的形式。桃園神社祭神請自臺灣神宮，主祭北白川宮能久親王、開拓三神，鳥居形式上本應沿襲臺灣神宮採神明系鳥居，但因神明系鳥居發源地的伊勢神宮地位特殊，在戰前一度禁止其他神社使用，因此桃園神社在興建時是採用明神系鳥居。

（四）神社內銅馬

日本自奈良時代開始就有為了祈求願望，而向神社奉獻馬匹的習慣。獻給神社的馬沒有指定的品種，乃是作為神靈來往於神界與人間的坐騎。然而，對於規模較小的神社而言，馬匹的照顧是一項頗大的負擔，因此出現以繪馬或等比例馬像作為奉獻用馬匹的折衷方式。在臺灣，多數的神社是以銅馬作為神馬，因為是銅製，經長期氧化後大多呈現綠色。

值得留意的，桃園忠烈祠暨神社文化園區內對銅馬的說明中提到：「（銅馬）腹部刻有象徵桃園神社的菊花紋社徽，現已遭磨損破壞。」但《桃園縣忠烈祠文化館文化景觀調查及資源應用計畫成果報告書》中「社徽」條目則寫道：「銅馬身上的社徽，可以看出是以櫻花為中心。」由此看來，桃園神社的社徽是菊紋或是櫻紋，在官方文獻上有了不同的說法。

筆者比對日本相關家紋後，認為桃園神社的社徽暨非菊紋，也非櫻紋，而是「十五菊桔梗紋」。與櫻紋五片花瓣尖端內凹不同，桔梗紋五片花瓣的尖端突出，同樣的紋章也能在桃園神社相關的歷史照片中看到。此外，當時桃園街隸屬於新竹州，從新竹神社的社徽為「十四菊陰八重桔梗」、昭和14年（1939）興建的中壢神社社徽為「十四菊桔梗紋」來看，桃園神社社徽為桔梗紋的可能

性可說是相當高。

（五）神社內狛犬

狛犬又名「高麗犬」、「唐獅子」，淵源可溯及遠古的東方文明。日本最早是在宮中或神殿入口擺設獅子和狛犬，入口右邊為張開嘴巴的「阿形」獅子，左邊則是緊閉嘴巴的「吽形」狛犬，負責斬妖除魔的職責。隨著狛犬擺設由殿內移向殿外，為了防止風吹雨淋而腐朽，材質遂由木製改為石製，多半置於參道上。

桃園神社原本至少有兩對狛犬，分別在四之鳥居前及神門前，今皆已佚失。從舊照片來看，位於四之鳥居前的狛犬為傳統狛犬造型，尾部呈角椎狀，身上毛髮為螺旋或蜷曲造型，右側阿形、左側吽形且右腳踏石珠。今日位於神門前的狛犬為李重耀於1986年修復時依照神門前狛犬舊照片仿製，兩隻狛犬皆為阿形。由於舊照片中神門前石獅樣貌模糊，難以對照，因此也無法得知復原的正確性。現存右側狛犬身背彩帶、銅錢，左側狛犬有小獸嬉戲，造形設計上與臺灣傳統廟宇前的石獅子相近。

現在參道階梯前刻有「奉獻 徐崇德」之石塊，可能是四之鳥居狛犬基座的中間部分。

（六）最初的忠烈祠

1946年神社由民間自發性設立忠烈祠，為全臺最早設立之忠烈祠。當時桃園隸屬於新竹縣，故名為新竹縣忠烈祠，至1950年新竹縣分為新竹、桃園、苗栗三縣，因而更名為桃園縣忠烈祠。而新竹縣受限於經費，遂和新竹市成為全臺唯二沒有設立忠烈祠的縣市。

隨著神聖空間的任務轉移，目前僅存的鳥居初時加上愛國標語，包含永懷領袖、敬愛國家，後加以修改成雙十字樓牌，而原參道上的石燈籠也陸續毀損。

忠烈祠的周圍增加許多匾額，包括首任縣長也是唯一一任官派縣長徐言的「千秋正氣」、首位民選縣長徐崇德捐獻的國魂匾額等皆是。

　　忠烈祠烈士入祀牌位標準，最早是將鄭成功、丘逢甲、劉永福等人置於本殿，朵殿設置反清、抗日烈士靈位。1950 年代加入武裝抗日者，如羅福星等，日治時期左右抗日者則至 1980 年代獲平反後迎入忠烈祠；1960 ～ 70 年代將北伐到抗日的烈士紀錄入祠；1990 年代後除在抗日及剿匪戰爭中壯烈犧牲者外，更迎入軍中有功或軍職中殉職經家人申報後核准者；直至現在因公務殉職，非軍職者亦可申請，如白曉燕中殉職員警曹立民等即是。

　　1972 年日本與中華民國斷交，內政部頒布〈清除臺灣日治時代表現日本帝國主義優越感之統治紀念遺跡要點〉要求「日本神社應即徹底清除」，致使全臺各地的大小神社在此法令之下多數被損毀，僅有作為忠烈祠的桃園神社被完整保留。

　　1985 年桃園縣政府欲將忠烈祠拆除重建，後經輿論及學界的奔走，強調古蹟保存及文化傳承，而改為整修案，於 1987 年完成。1994 年 2 月 15 日被內政部指定為國家三級古蹟；2004 年桃園縣政府文化局再次將社務所整修之後，配合文建會「地方文化館」計畫，規劃成立桃園縣忠烈祠文化館，2007 年 9 月 3 日正式開館。

● 歷史資料大補帖

（一）中壢神社

　　中央大學附屬中壢高級中學位於桃園市南部的中壢區，校園中央有顆大松樹，樹旁的神馬依然威風凜凜。這個地方便是中壢神社坐落的舊址，校園後方松樹圍繞的陶然亭取代了本殿，神社的參道從面對學校正門的左側開始，穿過鳥居，從守衛所一帶往西北直角轉彎就會到達本殿，途中有社務所、手水舍、

拜殿。聽說鳥居一直保留到 1970 年代。

　　中壢街有多個寺廟及宗教團體，興建中壢神社之時，官方在各街庄把這麼多個宗教設施整理起來合祀，表示「據臺以後的寺廟已都包含在八百萬神明之中」。昭和 14 年（1939）十月十四日中壢神社鎮座日的前一天，郡內各廟一齊舉行升天祭，也進行將祭神轉移到神社的遷座祭。藉這個儀式，存在數百年歷史的民間大眾信仰——寺廟、齋堂、神明會、祖公會等 119 個傳統庶民宗教設施，瞬間從中壢街消失。但是，中壢街仁海宮因曾是北白川宮能久親王的留宿舍營所，因此逃過一劫。

　　——改寫自金子展也著，陳嫺若譯，《遠渡來臺的日本諸神》，頁 88-90。

（二）新竹神社

　　新竹神社與北白川宮能久親王有深厚的緣份。能久親王率領的近衛師團進入新竹城時，在林達夫的宅邸潛園爽吟閣屯駐兼靜養；大正七年（1918）興建新竹神社時，林達夫之子林榮初便將爽吟閣捐給新竹神社。

　　新竹神社為臺灣神社的分靈，祭神為大國魂命、大己貴命、少彥名命（以上並稱「開拓三神」）及北白川宮能久親王，於大正九年（1920）列格為縣社。昭和 13 年（1938），由於第一代新竹神社神苑規模狹小，總督府著手規劃營建新的社殿。為迎合臺灣的氣候，在新竹神社設置日本所沒有的迴廊、神門等設施，讓各個空間能夠連成一氣，以免儀式進行中受到烈日或風雨的影響。這種形式的神社社殿設計，在後來的臺灣神宮、第二代臺中神社、第二代嘉義神社、桃園神社等神社都可見到。

　　太平洋戰爭爆發後，為了加速激勵國民精神，新竹神社領先臺中神社和嘉義神社，昭和 17 年（1942）列格為國幣小社。

　　——改寫自金子展也著，陳嫺若譯，《遠渡來臺的日本諸神》，頁 109-110。

照片

桃園神社鳥居。（照片來源：蔣竹山提供）

桃園神社拜殿。（照片來源：蔣竹山提供）

1960 年代桃園忠烈祠。（照片來源：臉書粉絲專頁「臺灣國定古蹟編纂研究小組」）

成功路與朝陽街口，原有一之鳥居，今日已不復見。（照片來源：作者自攝）

今東門溪已加蓋為徒步街。（照片來源：作者自攝）

神社前銅馬腹部社徽。（照片來源：蔣竹山提供）

桃園神社四之鳥居。（照片來源：作者自攝）

桃園神社偏殿。（照片來源：蔣竹山提供）

桃園神社狛犬。（照片來源：作者自攝）

● 問題討論

1. 探究神社時，除了對於建築物的認識之外，透過了解神社的「社格」，可以推知該神社興建的經費來源、地位等資料，並進一步推論神社所在地的政經或歷史地位。一般來說，行政區越重要，會有社格較高的神社興建。桃園神社原為「無格社」，昭和 20 年（1945）才列為「縣社」請從桃園神社社格演變，思考新竹州桃園街的地位轉變。

2. 二次世界大戰後，政府如何處理臺灣的神社？社內的御靈代該如何處理？

3. 近年來各地積極保存、修復神社，如花蓮新城神社等，為什麼臺灣留下了這麼多神社遺構和遺物？又為何興起復建的想法呢？

4. 桃園神社的所在位置？選址的考量因素？（可從市街改正的目的與地理位置思考）

5. 從「桃園神社」到「桃園忠烈祠」，社裡陳列的主要祭祀對象有何改變？

6. 找尋「十五菊桔梗紋」，請試著畫下來，並說明在哪裡發現。

7. 做為忠烈祠和做為神社遺址的場域規畫和相關活動不盡相同，以目前文化局規劃，你會提出什麼樣的建議？為什麼？

延伸閱讀

米澤貴紀著，陳家恩譯，《日本神社解剖圖鑑》（新北：楓書房，2017）。

吳昱瑩，〈人與神之間的界線—關於「鳥居」你應該知道的幾件事〉，取自
　　「故事 StoryStudio」：https://storystudio.tw/article/gushi/story-of-torii-2/，
　　2019。

李重耀，《從日本神社談桃園神社修建》（李重耀出版，1992）。

李乾朗，《桃園縣第三級古蹟桃園忠烈祠調查研究》（桃園縣：桃園縣孔廟忠
烈祠聯合管理所，2000）。

金子展也著，陳嫻若譯，《遠渡來臺的日本諸神》（新北：野人，2020）。

桃園縣政府文化局，《桃園縣忠烈祠文化館文化景觀調查及資源應用計畫成果
　　報告書》（桃園：桃園縣政府文化局，2007）。

踏查中路：黑暗旅行

黑暗旅行不能只是種獵奇行為，最終仍希望旅行者藉現場實體踏查，產生感受，並期待能將此等感受，進一步提升到理性思考，甚至道德反思的境界。

前言

要進行中路的黑暗旅行，就得先知道中路在哪裡。中路地區大致位於桃園區茄苳溪一帶，因此處為桃園往中壢、大溪必經之路而得名。日治時期正式出現中路庄的行政區劃，大致範圍為北起三口坡（約在今南桃園交流道），與埔子接鄰；南至大埤（約在今國際路近置地廣場），與小大湳、八塊庄接鄰；東起舊桃園城（約在今民族路）與桃園、大樹林接鄰；西至茄苳溪，與崁子腳、新興接鄰。

再來，我們簡單介紹什麼是黑暗旅行（Dark Tourism）。此概念興起於1990年代，又稱黑色旅遊（black tourism）或悲情旅遊（grief tourism）。它指的是在各類傷亡紀念碑／館、鬼屋、集中營、戰場與墓園等空間進行的旅行

43

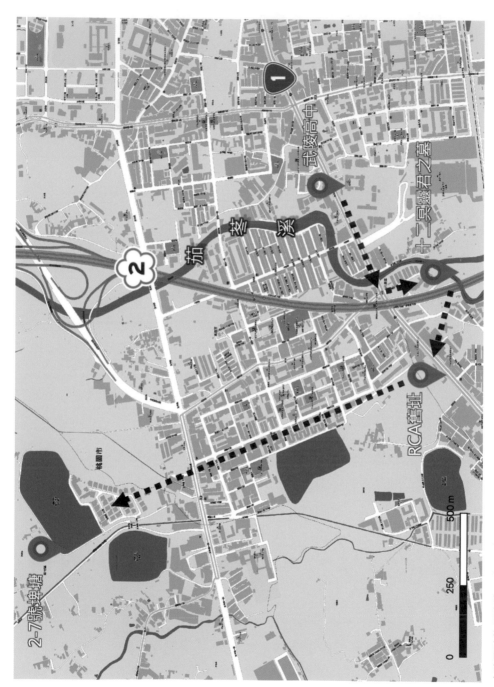

中路黑暗旅行路線。（圖片來源：許聖迪繪製）

活動，這類型空間多與該地方曾發生死亡、災難、傷痛事件相關。以臺灣為例，如國家人權園區、各式不義遺址，都是可以進行黑暗旅行的空間場域。

以下是以桃園中路地區為範圍，進行黑暗旅行的嘗試。在展開黑暗旅行之前，有事件想提醒讀者們：黑暗旅行不能只是種獵奇行為，最終仍希望旅行者藉現場實體踏查，產生感受，並期待能將此等感受，進一步提升到理性思

日治時代的中路庄範圍。（圖片來源：許聖迪繪製）

考，甚至道德反思的境界。請保持輕鬆但不失莊重的心情，讓我們繼續看下去……。

十二冥靈君：歷史上可能因水患的古墓傳奇？

黑暗旅行首推墓地或墓園，臺灣目前南北各有一些「厲害」的古墓，如基隆市古蹟——清法戰爭紀念園區，以及屏東車城的大日本琉球藩民五十四名墓，這兩者都是清代臺灣重要的歷史事件紀念地，可以從古墓出發來看全臺的大歷史，相較之下位處邊陲的桃園看似沒什麼「有看頭」的古墓。

茄苳溪是南崁溪的一條大支流，大約從八塊厝發源，一路向北順流，其中約 10K ＋ 400 處（省道臺一線永安橋附近）與皮寮溪交匯，交匯處藏有一座不易發現的清代古墓——「十二冥靈君之墓」（以下簡稱冥靈君墓）。這座古墓堪稱是桃園目前已發現古墓中的第二「老」，拜武陵高中美術老師姜昌明先生當先鋒，曾帶領學生組成古碑採集隊，對此古墓的碑文做拓碑記錄，並在新聞媒體上曝露此事，才讓這座古墓重現世人眼中。

目前這座古墓尚未獲得文資身份，學術界也不見太多的討論與研究，以筆者有限的閱讀經驗來說，僅有《桃園市文化資產調查：桃源尋跡》一書中稍加描述：「茄苳溪沿線過去都是農田，前人為了爭灌溉用水，經常械鬥，加上原漢爭奪自然資源，彼此衝突造成不少死傷，故研判這些人可能因此曝屍河床，因無人認領，才有三名善心儒生出資造墳，以慰亡者之靈。」但事情真的那麼單純嗎？或許可以試著從墓碑上的文字還原最初的情況，碑文上記載著：「吉嘉慶二十四年冬月葬 十二冥靈君之墓 理人庠生鄭連彩葉瑤光葉伸接立」，文字上似乎藏了一些有趣的訊息，遂透過簡單的發問：1.古墓是風水寶地嗎？（what 是什麼）、2.嘉慶年間的冬月是如何？（when 何時）、3.嘉慶年間茄苳溪流域是什麼景象？（where 在哪裡）、4.茄苳溪容易氾濫嗎？（how 發生

十二冥靈君之墓。（照片來源：作者自攝）

什麼事）、5.三位庠生與十二冥靈君有何關係？（why為何在這裡）等關於人、事、時、地、物的好奇，開啟茄苳溪畔的踏查。

「地理之道，龍、穴、砂、水是也。」桃園台地裡的茄苳溪流域南高北低，1904年的《臺灣堡圖》上顯現此地為砂土之地，冥靈君墓為兩條溪流交匯，不僅呈現「北低水，南高龍」的地理要點，合流的溪水如玉帶環腰，自然是風水上做官的好兆頭，三位讀書人若善埋此墓，或許求得未來仕途順遂。理人是科舉科目，庠生是生員另稱，生員俗稱秀才。生員雖在地方上是有頭有臉的讀書人，但還是得通過鄉試，考上舉人才能取得做官資格，但錄取率通常僅1%，而且不是跟普通人，而是跟一群秀才們競爭。為了考上，平日多積陰德變成很重要的事。

立墓之時為嘉慶24年（1819）冬月，冬月一般指農曆十一月，冬季的桃

園深受東北季風侵擾之苦，古籍上也常見風大的描述，如1872年《淡水廳志》卷十一：「自桃仔園至大甲，則飆忽特甚；此淡水風雨與南路不同也。……九月北風發漸冷，十一、二月風愈甚則寒愈列。間有不甚寒者，是必風過後夜有隕霜，即晛即消，雖寒尚不透體。諺云：『三日風，三日霜，三日大日光』蓋其寒在風也。」

1904年發行的《臺灣堡圖》是很好觀察清代臺灣地景發展的總集合。當時此地的土地利用多為水田，呼應了《淡水廳志》裡描述著桃園宛如江南般的風光。冥靈君墓所在的茄苳溪，拜南崁港所賜，其實很早就出現在古地圖上，《淡水廳志》文字中形容茄苳溪等「水底皆石」，引發了我們對當時茄苳溪溪河特性的好奇心。以河流地形的演育來說，桃園台地上絕大多數的河流共同特徵就是路徑短小、流量淺少，因早年古大漢溪發生侵蝕，加上台地隆起，台地上的諸多河流像失去母親源頭的餵哺，沒了穩定的水源提供，這樣的淺薄的水量根本無法提供農業生產的灌溉使用，於是早年墾民很辛苦地只能向老天爺要水喝，興建埤塘來儲存老天爺那一點點的恩賜，當然也就造成河流若非特殊的降雨，大概都只能「水底皆石」了。

但這樣的溪河環境，一遇到暴雨大概就會承受不住。茄苳溪河道的橫斷面不寬，全長只有15.1公里，冥靈君墓位在10公里附近，算是非常靠近上游，只要上游一有大規模的暴雨事件，洪峰很快就會抵達墓區，加上又是兩溪匯流之處，水量會瞬間堆疊起來，墓區週遭可想而知，應該很容易氾濫。當然，冥冥之中「冥靈」二字也可能藏著水患的密碼，《莊子·逍遙遊》裡描述著：「楚之南，有冥靈者以五百歲為春，五百歲為秋。」唐朝陸德明為此段下了注解：「冥靈，木名也。江南生，以葉生為春，葉落為秋；此木以兩千歲為一年。」風水五行的相生相剋裡說了，木與水為相生關係，即「水生木」，「冥靈」二字加在這十二位君士之上，是否也可能暗示著這些人的亡故也是源自於茄苳溪的水患呢？

那三位庠生到底是什麼身分？縱然查遍了桃園、新竹、新北一帶的官方文獻，目前仍無法確切知道這三人的真實身份，也無法正確得知這三人為何要埋此墓、立此碑，但有趣的是就是，歷史本身就是各項證據一點一滴拼湊出來的故事，從此延伸，「拼湊冥靈君」或者可以成為「地方創生」的主軸或主題，增加一些暗黑風采，感念茄苳溪「有幸」埋了十二具無名屍，在文人雅士的點綴下更增添了這個黑暗故事的走讀韻味。[1]

⬤ RCA：為什麼臺一線旁會有一大片空地？

> 有時候，我在想，如果我們告贏的的話，我很想再告　個人——不是一個人，是一個單位，就是政府。我不是要告它國賠，我是要告它對我們都不聞不問，　點都不關心我們。那高科技的進來你說有什麼汙染……我們可以諒解，我們不懂，政府可能也不懂，可是既然已經懂了，到現在這麼多年你們問過什麼？[2]

如果你有機會搭車或開車沿臺一線從桃園往中壢走，過國道二號後沒多久你將會在右手邊看到一大片空地，與附近高樓相對照略顯突兀。為何會有這片空地呢？原來這是「RCA 事件」舊址，這裡被判定為「永久汙染」，永久污染的意思就是百年以後，即使你我已不在人世，這裡的汙染仍會一直持續下去。

RCA 事件是臺灣環境史的重大事件，RCA 是美國無線電公司（Radio

1　本路線修訂自許聖迪，〈茄苳溪畔「十二冥靈君之墓」初探〉，《桃園文獻》8 期（2019.8），頁123-132。
2　工作傷害受害人協會，《拒絕被遺忘的聲音——RCA 工殤口述史》（臺北：行人，2013），頁323。

Corporation of America, 1919-86）簡稱。現在看起來無線電不是什麼了不起的技術，但在 1920 年代，這可是當時最先端的通訊傳播科技，收音機開始成為美國人生活中不可或缺的一部分。RCA 以製造收音機起家，1950、60 年代，更新的傳播科技電視開始普及，RCA 轉型為製造電視，製造電視所需的電晶體技術成為往後積體電路發展的基礎。RCA 一直是當時美國的先進產業，其重要性也許就如今天台積電之於臺灣。

那為何 RCA 會與臺灣有關聯呢？這與 1960 年代經濟全球化浪潮有關。1960 年代美國國內環保意識抬頭，開始抗拒 RCA 這種高汙染產業，從收音機、電視機到今日的電腦、手機，通訊傳播製造業通常都是高污染產業；加上美國國內工資高，影響企業利潤，RCA 開始思考海外設廠可能性。

如果是現在，RCA 可能就會去中國設廠，但在美國尚未與中國建交的 1960 年代，這是不可能的事，因此臺灣就成為 RCA 極佳選項。那時臺灣正在經濟起飛階段，政府非常歡迎這種「先進」企業進駐臺灣，給予各種優惠，且臺灣有優質勞工，工作勤奮，工資又低廉，有著第三世界的薪資水準，卻有第一世界的工作水準。於是 1970 年 RCA 就在桃園省道臺一線交通便利之處正式設廠。

RCA 可是當時臺灣的先進企業，能在 RCA 工作就好像在今天一流外商公司工作一樣。與現在的無良公司形象相反，它可是臺灣首批進行員工旅行、年終摸彩的公司，工廠有冷氣、空調，加班費優厚，吸引了許多十多歲高中畢業的年輕人來到這裡賺錢、實現夢想，然而最終等著他們的卻是噩夢。

第一線生產線的工人以女工居多，因為他們手巧、工作勤快，且工資較男性更低廉。他們發覺除了平常因工作而接觸各種有機溶劑的氣味難聞以外，工廠裡飲水機的水還有股怪味，有人泡茶葉來蓋住味道，奇怪的是工廠的管理階層絕不喝工廠飲水機的水，而女工的身體也出現了異狀，流產、異常出血、經期失調，一開始以為是工作過度導致所以不以為意，後來才知道案情並不單

RCA 舊址現況：無法正常使用的荒地。（照片來源：陳榮聲拍攝）

純……。

1980 年代整體環境改變，RCA 獲利大不如前，1986 年奇異（GE）公司併購臺灣 RCA，1988 年奇異將桃園廠轉賣給法國湯姆笙公司，湯姆笙公司開始關閉生產線資遣員工，不少人只能拿到一半的資遣費而非退休金，更糟的是不少工人開始因各式病痛如乳癌、淋巴腺癌死去。1994 年有員工向立委爆料，原來公司長期為了省錢，將有毒廢棄物不經處理直接倒入廠內井中，影響員工的飲用水，員工的病變是公司罔顧員工健康的結果。

在 RCA 事件中可看出階級與性別差異。即使同樣在 RCA 工作，受害程度亦有不同，工人階層受害程度較管理階層高、女性較男性高，因為受害最深的是第一線的女工。當我們在讚揚戰後臺灣的「經濟奇蹟」時，有曾想過誰在過程中付出最多、獲得最少而犧牲最大？

後續賠償處理非常麻煩。RCA 公司消失了，後續接手的公司不願輕易接手賠償。如何舉證疾病與工作的關係？全臺曾受雇於 RCA 可能超過 10 萬人，官方統計其中千餘人罹癌、至少三百餘人死亡，從總量來看，罹癌比例不見得比一般人特別高，但若從第一線生產線，特別是頻繁接觸有機溶劑的部門，罹癌比例就高出許多。即便如此，若要求賠償，還得拿出工作相關資料佐證，說明疾病非個人因素導致，但年代已久，加上資方刻意「處理」相關資料，談何容易？

後續汙染清理也很困難。湯姆笙公司曾花兩億餘元清理廠區表面土壤，但汙染已深入地下水層，湯姆笙公司使用各種方法仍整治失敗，地下水汙染已遠達兩公里處。污染主要往北邊擴散，因為桃園台地由南往北坡度緩慢下降的地勢。

RCA 舊址該如何處置也是個麻煩的問題。這與不義遺址不同，嚴重的污染無法成為紀念公園，過去的建築皆已拆除，無法讓人感受到它的過去，目前只能以城市奇景的樣貌，提醒關心這片土地的人們，不再讓這樣的事發生。

2-7 埤塘：埤塘與白色恐怖

　　桃園最具特色的地景——埤塘如何與白色恐怖事件有關？這要從周慎源（1928～1951）之死的故事說起。

　　1949年國共內戰末期，蔣中正預期可能失去大陸，必須確保對臺灣的控制，於是任命其心腹陳誠為臺灣省政府主席兼臺灣省警備總司令，陳誠的首要任務是「整頓」學潮，當時學生反政府的氣息很強，主要對象是臺灣大學與臺灣省立師範學院（師大前身），臺大以外省籍學生、師院則是本省籍學生居多。1949年4月6日對兩校學生展開大逮捕行動，一般稱為「四六事件」。

　　周慎源，嘉義人，師院學生自治會會長，自然是追捕的主要對象。根據陳翠蓮、李愷揚在《四六事件與臺灣大學》裡的研究，當時臺大校長傅斯年已與陳誠達成某種默契，因此臺大的學生領袖幾乎被一網打盡，相對來說師院校長謝東閔較不配合，所以師院的學生領袖有些未被逮捕，周可能藏在宿舍天花板上，成功逃脫。

　　周慎源雖在四六事件中未被逮捕，但外頭風聲鶴唳，他只能展開長期逃難之旅。以事後行動跡象來看，他應該已加入共產黨，算是重要幹部。1950年代初期躲藏於桃園大溪山上，藏匿者還有當時桃園白色恐怖重大案件當事人南崁鄉長林元枝，但後來與同伴因理念不合而分道揚鑣，周下山到桃園南崁一帶發展組織，1951年拒捕被殺，結束了他23年的短暫生命。

　　關於周慎源之死，安全局《歷年辦理匪案彙編》「桃園支部楊阿木等叛亂案」稱中路農民楊阿木自首後供出其領導上級周慎源經常在中路茄苳溪橋附近出沒，「果於是年（1951年）十一月一日在該地發現周匪行蹤，因該匪開槍拒捕，當場被擊斃。」附帶一提，楊阿木後來被認為未坦承交代所有細節，仍被判處死刑。報導文學作家藍博洲在《尋魂》一書中關於他死亡時的實際狀況有三種說法：

2-7 埤塘現況：南面埤塘後被填平成為台灣番鴨牧場。（照片來源：陳榮聲拍攝）

茄苳溪橋與 2-7 號埤塘的關係。

（圖片來源：陳榮聲依 1956〈台灣五萬分之一地形圖〉繪製）

1. 不明地點深夜在房子裡被包圍，突圍時被擊斃——不具名的投誠政
   府者。
2. 中路茄苳溪橋附近買菸被發現，逃跑時被擊斃——白色恐怖受難者
   吳敦仁。
3. 蘆竹中福村被跟監，逃跑時被擊斃——中福村農民黃樹丙、作者藍
   博洲。

　　說法一過於戲劇化，且來自於不具名投誠政府者的事後回憶，渲染程度居多；一般接受的是第二種說法，這是根據官方說法所延伸的。農民打扮的周慎源在中路雜貨店「店仔」買高級煙「雙喜」，不是一般農民行為，於是被警察盯上，在逃跑過程中似乎想掏出身上武器反擊，便被擊斃。周原是書生模樣，不過在幾年的逃難過程中，皮膚曬的黝黑，確實不易辨認。

　　周慎源因被警察盯上逃跑被擊斃的說法，大致沒有問題，但在細節上仍需斟酌。理論上中路地區橫跨茄苳溪的橋都算中路茄苳溪橋，但考慮到當時有限的交通條件，應該是省道台一線上的茄苳溪橋，但一個逃犯在這種交通要道附近活動，相當奇怪。受難者吳敦仁的說法，也是他聽來的，本人沒有親眼目睹的情況下，真相變得更加模糊不清。

　　根據作家藍博洲調查，1990年代訪問當地農夫黃樹丙後，認為周慎源最後死於蘆竹中福村長埤腳。當初中福村民游昌雍在臺北工作，董事長親戚帶一位青年，說他做生意失敗要「跑路」請游幫忙，游最後讓他躲在蘆竹中福村老家，結果因為保護這位「跑路」的年輕人，中福村有9人被牽連，游被判15年、游的侄兒被槍決。

　　中福村行政區劃分雖算蘆竹，但靠近中路，約在部立桃園醫院後方文中路一帶，也算廣義中路，離茄苳溪橋相當近。我們利用《臺灣百年歷史地圖》簡單比對，藍博洲說法有相當可信度，地點可能是桃園大圳2-7埤塘（舊名長

埤）。1956 年的《臺灣地形圖》顯示當時有一小徑從省道台一線茄苳溪橋通往 2-7 埤塘，為今日龍安街、文中路前身，交通條件相符。

　　當然，在沒有事件目擊者的情況下，以上永遠只是可能且合理的推測。但確定的是，1951 年一位來自嘉義的 23 歲青年周慎源客死桃園，與其他白色恐怖時期遇難者不同，因為被意外擊斃，無法從遺書中看出他最後抱持著怎樣的心情離開人世，也無法得知他擁護的理念是否正確，只知道他因追尋自己的理想，走得太遠，以致身死。

● 問題討論

1. 對黑暗旅行（Dark Tourism）應有怎樣的認識？
2. 在不挖掘的前提下，如何應用工具或方法得知古墓裡頭屍體的狀況？
3. RCA 的地下水污染會往哪個方向走？為什麼？
4. 關於周慎源之死，可以確定的真相是什麼？

● 地點資訊

1. 十二冥靈君：茄苳溪 10K+400（皮寮溪與茄苳溪本流交匯處）
   座標（北緯 24059'3"，東經 121016'59"）
2. RCA 汙染土地：桃園區中山路 106 號（省道臺一線公車站牌「明光社區」下車）
   座標（北緯 24°59'7"，東經 121°16'44.2"）
3. 2-7 號埤塘：蘆竹區文新街 30 巷（文中路 BMW 展示中心轉入文新街）
   座標（北緯 24°59'47.4"，東經 121°16'26.5"）

延伸閱讀

「臺灣百年歷史地圖」，中央研究院地理資訊科學研究專題中心。

http://gissrv4.sinica.edu.tw/gis/twhgis/ 瀏覽時間：2020/10/10

工作傷害受害人協會，《拒絕被遺忘的聲音——RCA 工殤口述史》（臺北：
　　行人，2013）。

許聖迪，〈茄苳溪畔「十二冥靈君之墓」初探〉，《桃園文獻》8 期（2019.8），
　　頁 123-132。

藍博洲，〈尋找四六英魂周慎源〉，《尋魂》（臺北：印刻，2018），頁 5-70。

穿越到日治時期，聆聽中壢老故事

文／陳俊有（巷仔 46 文化共享空間）

● 前言

　　求學時期，我們都讀過日治時期的歷史，卻很少意識到這段歷史對我們的影響有多深。

　　透過日治時期的老地圖，沿著當初的街道走一趟今昔交錯的街區，以中壢火車站為起點，沿著舊時為輕便鐵路道的中平路，並走訪日治時期三處不同日式宿舍，途經街坊鄰居們常逛的菜市場，也巡禮中壢的母親之河老街溪，了解加蓋與拆蓋的歷史。一同回顧近百年來中壢經歷了什麼樣的變化，而不同的文化和生活習慣又為我們帶來什麼樣的改變。

● 從澗仔壢到中壢

　　中壢位於桃園沖積扇中心點，海拔約 138 公尺。

　　乾隆 30 年（1765），福建漳州府人郭樽入墾。在清乾隆時仍一片荒蕪，

尚屬蕃社，可能為原住民的獵場，因為境內有老街溪與新街溪平行穿越而過，切割成下凹的潤谷，故舊稱「澗仔壢」；而另有一說法，據《康熙臺灣輿圖》現今中壢位置，原有上有一個平埔族部落名為「澗仔力社」，但後來由於客家人大量湧入開發後，名稱才逐漸的轉變為「澗仔壢」。

後來中壢因為是往來淡水與竹塹的中點，地處交通要道而形成街市，並成為交通要衝。乾隆50年（1785）淡水、新竹兩縣設立，因位屬兩縣中央，因此改稱「中壢」；清代臺灣大租調查書，嘉慶十年（1805）尚稱新街為「澗仔壢新店街」；清道光年間諸多的文書中，尚有用「澗仔壢」稱之，故澗仔壢和中壢兩名均同時使用。

漫步路線

中壢老街區走讀路線如下：中壢火車站→中平故事館→中壢長老教會→新珍香餅店→大時鐘、蕃薯市場、估衣巷→中山路舊電影街→老街溪河川教育中心→豬埔仔→壢小故事森林，最後是在壢景町結束所有行程。

（一）中壢車站

光緒 19 年（1893）劉銘傳於臺北至新竹間鋪設鐵路，同時設立中壢火車碼頭，為中壢站起源。光緒 20 年（1894），中壢火車站設立於新街。光緒 26 年（1901），中壢郵便局設立；同年桃園廳成立，並設置中壢支廳，中壢火車站移至現址石頭里。

站房曾經歷 3 次改建：

- 1895 年：甲午戰爭結束，臺灣割讓予日本，於 1896 年 7 月 5 日更名中壢驛，辦理一般運輸業務，當時站房屬木造站房。

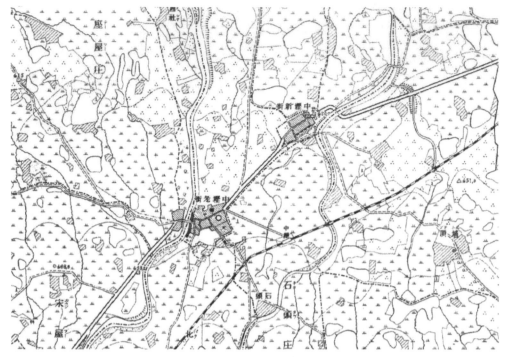

1904 年台灣堡圖。（資料來源：中央研究院人社中心 GIS 中心提供）

中壢車站。（照片來源：雷子萱拍攝）

- 1945 年：因地方日漸繁榮，且日式木造站房已經不敷使用，於 1950 年改建為鋼筋水泥站房，該建築是臺灣戰後由鐵路局最先改建之車站。
- 1970 年：由於地方快速發展、站房設施不敷使用而再度改建，於 1971 年元月完成使用。

（二）中平路商圈

日治時期位於車站前之街道，因輕便鐵路的設置，成為熱鬧的街市，曾經有許多醫院診所在此開業，悠久的運春旅館及中壢教會也在此設立，但隨著時代商圈轉移，也從過去號稱的「診所街」，轉變為音響電器用品街及 3C 賣場街；近年來在區公所景觀改造下開始展現新貌，匯聚著傳統名產花生酥糖、牛雜與新潮的服飾百貨與小吃，中平路商圈已趁勢崛起，現在假日時期更聚集了許多新住民及移工消費的場所，號稱「小西門町」、「小東南亞街」，彷彿身處東南亞。

中平路商圈街景。（照片來源：雷子萱拍攝）

中平路商圈。（照片來源：雷子萱拍攝）

新珍香餅舖。（照片來源：蔣竹山提供）

（三）新珍香餅店

創立於昭和四年（1929）的「新珍香餅舖」，牌子老、品質好，所出產的花生酥糖名聞遐邇、多吃不膩，與當時鐮刀、牛雜（牛肉麵）同列「中壢三寶」。

新竹縣新埔鎮籍的范清漢出生於日治時代，童年在新埔鄉下為人看牛，生活困苦，為了擺脫貧苦的生活，放棄接下父親編織竹籃的工作，決心學一技之長，後到中壢新街（現在仁海宮附近）當學徒，學做糕餅、花生酥糖。

昭和四年（1929）范清漢出師後以父母給的四個「兩角半」一塊錢資本，買了一鍋花生及麥芽糖，用手工製作了第一批花生酥糖，挑到中壢第一市場（現大同、中正路口）販售，由於范清漢是個老實人，不懂得賒欠，都是等第一鍋花生作成的花生糖賣完了，才有錢再去買第二鍋花生，第二碗麥芽糖。

范清漢 26 歲時，和小他 8 歲的劉奔妹結婚，夫妻白手起家。在那沒有機器代勞，凡是全靠手工的時代，做貢糖的花生都是在石臼上一杵一杵研磨成粉末的，竈（灶）下燒的從木頭、木炭、煤炭、重油、柴油，一直到現在的瓦斯，往往大熱天前頭炒花生，後頭背孩子，孩子熱的哇哇叫，自己更是汗水淋漓，渾身溼透。

「新珍香」花生酥糖建立口碑後，夫妻經常日夜加班，先在第一市場對面

走讀桃園指南

租屋開店，直到 1951 年，才在中平路目前的店址買地自建。

范清漢夫婦的「四個兩角半」，這珍貴的一塊錢是范清漢父母所給予的，因為父親當時是以編織竹籃維生，日子過得非常困苦，雖然知道兒子有心開設小餅舖，心理固然高興，但所能資助的僅剩「四個兩角半」。雖身處民生困苦的時代，卻因口味、手藝傳統而道地，遂建立了良好的口碑。

（四）蕃薯市場

沿著中平路經過第一市場後轉入民生路一直到老街溪邊，即是早期的「番薯市」。因位於民生路周邊一帶，所以又稱「民生市場」，與中平路上的「水果街」相鄰，當時第一市場、番薯市、水果街整體連成一線，宛若一座超級菜市場，舉凡各種民生用品，應有盡有，成為在地人的生活重心。

談及番薯市的興起，與豬埔仔的活絡交易有密切關係。蕃薯在早午的農業社會中可說是扮演著極為重要的角色，它不但是一般民眾的主食，還是養豬極為重要的飼料。攤販們會挑著番薯在此出售，所以常見商販來往此地大量買進，議價、吆喝的聲音此起彼落，形成中壢最大的番薯市場。蕃薯市約從 1951 年開始轉為菜販市場，居住在這附近的居民都到此買菜購物。白天是傳統市場，而中平路這段為中壢著名的水果街，各式水果全天候供應，並由此延伸至永興街，連接中央西路 SOGO 二館，通過興國路穿過中美路轉回新生路、廣安街，也就是所謂的早期中壢夜市中心地區，如今則是遷入興國蔬果市場，迄今仍與居民的生活相依。

（五）巷仔 46 文化共享空間

在巷弄裡，老舊的屋舍與新建的大樓突兀地交雜，隨著時間流動，斑駁老舊的頹杞屋舍與豪華亮麗的現代樓房相互演替，老屋在這裡見證過往，也創造新故事。

巷仔 46 文化共享空間。（照片來源：作者自攝）

「巷仔 46」隱身於民生路 44、48 號之間，穿越窄巷後，豁然開朗，迎面而來是已經屹立超過一甲子的老屋。老屋是連棟六戶，早年是陳家曾祖母與祖父輩兄弟們共居生活的所在，老屋承載超過一甲子的記憶，是四代共同生活的所在，小巷在靜默中，見證了四代人的生活歷程，也看盡巷外民生市場（前述提及之「蕃薯市」）的繁榮與蕭條。

目前筆者正在整理老屋空間，希望號召對社區營造、地方文史有興趣的朋友，一起活化老屋，作為地方文化展演及在地歷史研究的田野調查基地，希望未來可以串連中壢老街區各個文化據點，為形塑中壢的地方文化而共同努力。目前有以下三個方向：

1. 建置中壢街區文化知識平台，調查、訪問並記錄中壢（商圈）在地人
   及店家，以整理出有價值的故事及特色。
2. 以「微博物館」的形式，規劃從火車站沿中平路經民生路到老街溪，
   沿線設立據點規劃展示中壢在地常民生活及歷史脈絡，展現歷史文化
   的衝擊及變遷。
3. 以常設展的模式，做定點解說、展覽，同時保留歷史建築的痕跡。

（六）大東餅舖

大東餅舖隱身在中壢的番薯市場內，已傳承到第三代，是中壢人的回憶，
也是到番薯市集一定要去光顧的老字號餅舖。

大東餅舖。（照片來源：雷子萱拍攝）

前身為邱垂日三兄弟在中正路創立，於 1975 年搬遷至大東戲院附近，而命名為「大東食品行」。至今依然堅持古法製作，製餅的過程也絲毫不馬虎，除了使用當地材料，也不額外添加糖分，每一顆餅都是老闆用心製作而成的，希望將最純粹的古早味口感帶給顧客。

所賣的產品有「古早味」之稱，標榜以最原始之原料製成產品，不加防腐劑和不加色素，也不油膩，店裡賣的產品都是當天早上製作，賣完為止。產品有地瓜餅、咖哩餅、綠豆椪、堅果餅（伴手禮）、臺灣古早味杯子蛋糕等。大部分顧客為過路客及老顧客。

有大量需求須預先訂購，當天製作，當天送至顧客手中，連續十年來每個月都有客人訂購麵包、饅頭或包子送往桃園 20 幾家之教養院，讓院童吃到好吃又新鮮的產品。遇到特別之節日才有製作市面上拜拜所需之「紅包子」、「壽桃」等。

（七）綠苑

一棟長滿爬牆虎的綠建築，位於中壢國小校區內，外觀幽雅謐靜，是桃園市十大環境教育場所之一，也是全國第一座由在地環保綠能廠商出錢、出力的環境教育體驗館這棟以「綠建築」為概念的建物，其空間規劃、建造方法、建材使用皆符合環保、永續並兼顧生態平衡共存的觀念。透過日常生活的節能減碳、省水減污設備的體驗學習，讓民眾更容易瞭解到日常生活中採購綠色商品，可落實愛地球的環保作為。

大廳設有兩座腳踏車發電機，只要踩踏板就能製造電源，並可在板上看見發電量，運動健身又環保，幾乎每個小朋友進來，都想上去腳踏車發電座踩幾圈；二樓牆上裝設「燈具耗能比較看板」，只要將傳統燈泡、省電燈泡，與LED 燈泡同時打開，顯示各種燈泡的亮度和耗電量，就會馬上知道 LED 的好處在哪裡；三樓是一片涼爽的綠屋頂，裝有太陽能板，更種了各式蔬果，是推

澗仔壢環境教育中心（綠苑）。（照片來源：雷子萱拍攝）

廣食農教育的好場所。

　　戶外有一口生機盎然的水生池，可見穗花棋盤腳、水金英、田字草、野慈菇、鳶尾花，甚至連極珍稀的臺灣萍蓬草都有；水生池畔開滿花草後，昆蟲、松鼠、蝴蝶也紛紛出現，成為一個生態豐富的綠色園地，也不定期和鄰近的老街溪河川教育中心合作，舉辦精彩有趣的研習活動，是中壢區環境教育的兩大重點場所。

（八）中山路電影街

　　早期的中壢，從日治時代就有電影院了，從第一間中壢戲院，到後來陸續有大東戲院、新明戲院等，但後來逐漸沒落。對於以前戲院街的熱鬧與現今沒落，分析其原因，以前有新明、大東、銀宮、國際、裕國等多家戲院，後因錄

影帶出租發達、小廳院蓬勃發展（舊時戲院以容納 200 人以上大廳院，現在多以 200 人以下的小廳院為主），經營逐漸出現困難而沒落。

　　說到早期的休閒娛樂，上戲院亦是庶民的消遣活動之一。每逢過年時，戲院門前總是大排長龍，只為了入內一睹應景的首輪片。在興盛時期，中壢中山路一帶林立許多戲院，像是銀宮戲院、國際戲院、裕國戲院、新明戲院等，因群聚效應而形成有名的戲院街，伴隨著老中壢人度過不少青春歲月。眾戲院之中，以中壢戲院最為古老，從日治時期便開始營運，當時人們就在此觀賞歌仔戲或客家大戲，一邊嗑瓜子、喝茶，頗為愜意，可惜劇院後來受到祝融之災，未能保存下來。

　　戲院街的繁茂既帶來如織人潮，自然吸引更多攤販到此聚集，使居民無論看戲前還是觀戲後都可以嚐到美味的點心，如常民飲食的餛飩麵、冰涼的酸梅湯，或是秋冬季喝的桂圓茶。不少商家及小吃陪伴在地人成長，為童年記憶添色不少。

（九）大東戲院

　　到電影院看電影是許多人最愛的休閒活動之一，桃園升格前，共有 80 幾家戲院分佈在 13 個鄉鎮市，中壢至少有 27 家。但隨著社會變化和科技發展，這些陪伴觀眾成長的地方戲院日漸消失，幾乎要全面退出舞台；繼桃園市中壢區日新路、中原商圈的 39 年老戲院中源大戲院，2020 年 6 月熄燈後，位於中壢區中山路已歇業多年的大東戲院，也於 2020 年 12 月進駐怪手等機具進行建物拆除作業，隨著原「大東戲院」4 個字的建築物外牆招牌痕跡的消失，大東戲院正式走入歷史。

　　大東戲院是香港電懋公司投資興建的，於 1959 年落成，屬港資，開幕時包括陳燕燕及葉楓等當時著名港星曾來中壢剪綵，報載全鎮為之轟動。對於這棟勾起許多中壢人對中山路回憶的建築物，當年這條街曾聚集了五家戲院，號

大東戲院拆除。（照片來源：巷仔 46 文化共享空間）

稱「電影街」，對於建物被拆，許多人相當不捨，地方臉書粉專紛紛 PO 文和
老戲院話別。

（十）中壢醫院（吳鴻麟故居）

　　前中壢醫院開設於日治時代大正十年（1921），為吳鴻森（前桃園縣長吳
鴻麟的兄長）所設立。前中壢醫院是中壢市區代表性的日治時期建築物，建於
1920 年，為前內政部長吳伯雄的祖父吳榮棣所建。建物主體以鋼筋混凝土與
磚的結構，立面採用洋式開窗，整齊簡單的幾何線條及外牆裝飾。開窗外觀受
到日本戰時影響，外牆所貼的面磚採用國防色系列，以米黃色為主，每片面磚
有十三道溝縫，避免太陽照射反光，引起敵機注意。建物二旁樑柱，特別加了

中壢醫院。（照片來源：作者自攝）

梭柱，玄關有日式風格，後方大型圓拱門又有西式風味。一樓保有早期醫院診
療格局，一樓後方房間，放有吳鴻森、吳鴻麟等八兄弟合影照片。目前為「慈
恩基金會中壢關懷據點」、「桃園縣吳氏宗親會址」、「以文吟社」以及「伯
仲文教基金會」，二樓為「佛光山中壢禪淨中心」。

（十一）豬埔仔（種豬市集）

　　中壢區中榮里的中原路兩側，早年時代被稱為「豬埔仔」，源於當時該地
區是種豬的販賣市場，優良的桃園種豬多集中在這裡販賣。由於買賣的數量相
當大，這些豬販們都獲得極高的利潤，於是就開始飲酒作樂。為了賺取他們的
錢，在今博愛路一帶開起酒家，形成紅燈街的特種行業，一直到 1945 年終戰
前後，此區的博愛路仍是特種行業的聚集區。隨著時空轉換，該地區的酒家開
始被現代化的酒家所取代，至 1980 年代更淪為社會上較普遍的酒家區，生意

老街溪河川教育中心。（照片來源：雷子堂拍攝）

於是 落丁丈，加上 1992 年中原路拓寬後，博愛路頓失以往的隱蔽性，顧客日益減少。而在 1996 年，政府更是將博愛路做為拓寬的拆除徵收土地，因此所剩無幾的酒家幾乎消失，過去揚名全省的中壢豬埔仔也因此走入歷史。

（十二）老街溪河川教育中心

位於中壢平鎮交界處，是全國第一個以「河川」為主題的教育中心，該中心比鄰老街溪畔，見證河川整治的過程。河川教育中心在新榮小學右側所保留的 0.4 公頃上，改建原有兩棟客家三合院古老磚厝，透過緊鄰老街溪的地理空間及老厝建築的歷史營造，作為大眾溯源尋根的文史基地、探索河川的體驗場域，也同時藉由空間與體驗結合，培養永續的態度。

（十三）中平路故事館

　　中平路故事館是一棟有溫度的日式雙拼宿舍，一磚一瓦細說昔日的風華，這棟是日治時期時給來臺日本官員居住的，戰後則作為公務員宿舍。1946年服務於山地課的王國治先生一家11口遷入，1948年服務於教育局的廖運全先生一家六口遷入，兩家人在這空間生活超過一甲子，直到2008年兩家眷屬才相繼遷出，王家後代提出申請保留，在2010年登錄為歷史建築，2015年以「中平路故事館」的身分，以隨處場景、角落，分享平實而美好的常民生活，繼續述說桃園在地的故事。

中平路故事館。（照片來源：雷子萱拍攝）

（十四）壢小故事森林

其前身為日治時期桃園廳中壢支廳及中壢公學校之公務員宿舍，推測建於1917年，戰後作為中壢國小教職員宿舍使用。2015年公告登錄為桃園市歷史建築，並進行修復工程。修復後作為親子共學場域，「教育」則成為館舍營運的重要核心，承襲過去的歷史脈絡，帶領莘莘學子與過往旅人有別於不同的互動美學體驗。

壢小故事森林。（照片來源：雷子萱拍攝）

壢景町。（照片來源：雷子萱拍攝）

（十五）壢景町

　　興建於 1941 年，前身為「中壢保甲聯合會」所興建之中壢郡役所的官舍，自日治時期以來由臺灣人警察家族居住，戰後更見證「中壢事件」的發生，成為臺灣民主發展的里程碑。桃園市政府文化局於 2012 年登錄為歷史建築，於 2019 年開館，館內以展示中壢的發展軌跡以及介紹臺灣民主發展史為主軸，讓參觀者回到過去，找尋成長中的記憶片段，並認識歷史的重要演進，藉由展覽、講座活動，使壢景町成為中壢地區的藝文沙龍，傳承在地知識、關懷社會議題。

 結語

　　上述中壢三處公有的地方文化館舍，中平路故事館、壢小故事森林、壢景町，相同的都是屬於日式房舍，但卻分別入住了不同的三種人：來自楊梅、觀音的客家縣府公務人員、百年樹人的教職人員及維護治安的警務人員，時空橫跨了將近百年，訴說著不同階段的歷史故事。走完壢景町，我們的中壢老街區走讀也告尾聲，歡迎大家有空時來中壢漫遊。

簡裝漫行訪古鎮：大溪

文、圖／楊杜煜、倪郁嵐（桃園市立大溪高中教師）

 前言

　　大溪區位於桃園市的東南方，大漢溪貫穿其中，這個依山傍水的小鎮在漢人移墾之前，是平埔族霄裡社與泰雅族人的散居地，霄裡社人依著大溪傍河的特色稱當地「Takoham」（大水之意），漢人音譯為「大姑陷」，後又為了用字美觀改為「大姑崁」。同治四年（1865）因月眉地方仕紳李騰芳中了科舉，庄民為彰顯功名，將地名從「大姑崁」改為「大科崁」。光緒年間，劉銘傳至此設立北區撫墾總局，「大科崁」又被改成「大嵙崁」，此時期也是大溪船運的黃金時期。日治時期大正九年（1920），日人見此地濱臨河流，於是把「大嵙崁」改為「大溪」，從此沿用至今。

　　提到大溪，相信多數遊客心目中所呈現的景象大概就是：假日塞到人滿為患的老街市區、香味四溢卻大排長龍的老阿伯豆干、近年來重新整修的大溪木藝博物館……，但多數遊客造訪的時間幾乎都不會過夜，因此對於大溪的印象，好像只能停留在擁擠、狹小、沒什麼特別之處、旅遊時間不需太久的山中

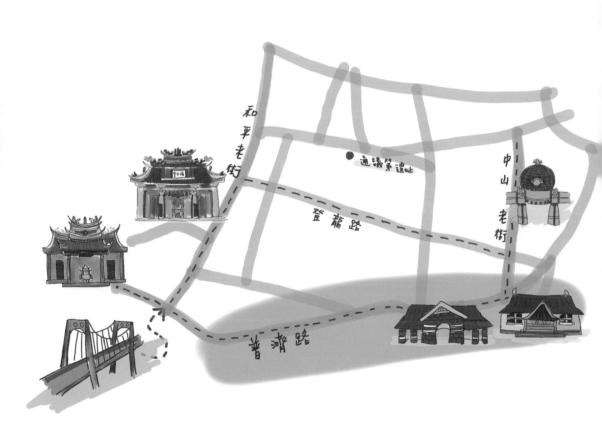

和平老街

通議第遺址

登龍路

中山老街

普濟路

大溪漫步地圖。

小鎮。

　　但是每個城鎮一定有其能讓人細細品味的地方，大溪也是如此。本文以在地的生活觀察角度來介紹大溪，期待讓讀者在下次造訪大溪時，能用不同的眼光重新看看這座小鎮之美。

● 連接河岸通人貨：大溪橋

　　走在大溪老街上，讓人感受到古味的，除了佈滿石磚的街道、洋溢古趣的店家外，大概就是老街保留的清代騎樓街屋與日式牌樓了。百年前的大溪仰賴大漢溪的航運，成為北臺灣重要的貨物轉運站，山中的樟腦、茶葉皆從大溪集裝送往艋舺、大稻埕。所以遊客們驅車前來大溪，停在河西，走過現今專供行人通行的大溪橋，來到河東後，就是來到清代貨物上下岸的碼頭了！

　　現今的大溪橋是一座為了觀光所興建的橋樑。

　　原先此橋為連結大漢溪兩岸的重要連絡橋，最早是以竹籠、石塊堆疊興建成竹木板橋，但因颱風等因素多次改建，加上入溪陵寢的緣故，就另建了武嶺橋作為車輛通行用橋。2004 年大溪橋重新翻作完成後，此橋就成為行人專屬的徒步區。全長 330 公尺，有 13 座橋墩，兩側橋頭像城堡般的建築，是仿中山路上的簡家建成商行牌樓形式，橋頭入口設計成圓拱形。兩側行人步道穿插著老街上的牌樓設計，雖為鋼筋混凝土材質，但呈現復古吊橋的外觀。漫行其上，就像走在時光廊道般，慢慢渡向古意盎然的老街區。白日，橋上視野遼闊，可看見大漢溪蜿蜒迤邐北流的壯闊，及大溪另兩座大橋——武嶺橋及崁津橋優美的姿態；如若夜晚才來到或離開大溪，鋼吊索式的橋身綴滿 LED 燈，變幻不同的色澤，映著粼粼水光與深沉山巒，另是一番山城風光。

　　來到河東，若願意放棄透明箱電梯的便利性，可以沿著清代挑夫的腳步，踱上不遠處的「碼頭古道」，古道攀越近 30 公尺高的河階斷崖。緩步上行中，

從大溪公會堂向下游眺望大溪橋。

會發現此階梯的坡度相對緩和許多,採「之」字形蜿蜒而上,在轉角處還加寬古道的寬度,此精心設計原來是先民為了要減輕搬運工的腿力而做的。不消數分鐘,我們便會來到大溪老街[1]的入口。

● 二度過年慶神跡:普濟堂

　　循著「碼頭古道」,踱上減輕搬運工腿力的緩坡石階,來到大溪老街的入口。立刻左轉,就進入到在武嶺橋上的河西對岸即可遠眺到的普濟堂。

　　這座廟宇最初是一座私人鸞堂,因香火鼎盛的關係,逐漸擴大成如今的規模。每年農曆六月二十四日「關聖帝君誕辰」,大溪地區會舉辦盛大的遶境活動。慶典以普濟堂為出發點,大溪區特有的職人社頭依序遶境,直至午夜回到

1　大溪共有三條自清代至日治延續至今的老街:和平路、中央路、中山路(新南老街)。

普濟堂是大溪當地信仰中心之一。

桃園走讀小知識　大溪的社頭文化

　　在關聖帝君聖誕慶典中，最令眾人矚目的無非是陣頭們的輪番較勁了。「社頭」原是以民間信仰而形成的社團組織，大溪的社頭文化歷史悠久，最早可追溯到大正三年（1914）成立的「樂安社」，但真正蓬勃發展，還是以「同人社」的成立最為代表性。在大溪地區發跡的商業鉅子簡阿牛，原以樟腦、煤礦為業，因大溪地區樟腦業逐漸沒落，簡阿牛與志同道合之眾合資收購九份採礦權，準備發展淘金事業，並請到普濟堂關聖帝君協助點礦脈，一點竟中。為感念關聖帝君保佑，這群金礦業主和礦工們在大正六年成立了「同人社」，捐資建造神轎，在關聖帝君聖誕時以神轎迎神遶境，開啟了大溪地方藉由成立社頭參與遶境的風氣。

普濟堂。從各社頭事前的排練到慶典結束，近乎月餘，整座大溪舊城區都在為這場盛宴做準備，滿滿的過節氣氛，讓這場熱鬧的遶境活動一直被大溪人視為是第二個過年。

此儀式最早在日治時期開始，儘管日本殖民政府後來日益嚴屬管控臺灣的在地信仰，大溪普濟堂的遶境卻能繼續保存下來，據說與當時日本軍國主義崇尚武德，對於民眾崇拜「武聖關公」較能認可有關。也因為規模宏大，桃園市政府於 2015 年將「大溪普濟堂關聖帝君聖誕慶典」登錄為桃園市無形文化資產民俗類，希望能長久為在地居民保存此一珍貴資產之外，也讓更多的民眾體會傳統民俗之美。

● 往昔喧囂鬧街市：大溪老街區

老街（如：和平路）最初的樣貌較為狹窄，現如今的規模是在大正八年（1919）日本政府於大溪實施市街改正計畫時，進行的拓寬工程。商家在拆除原先街屋一部分之後，著手進行整修時，便加入了更能彰顯自家商號特色的牌樓外牆。大正初年日本政府即曾於臺北本町（今臺北市衡陽路）進行街屋牌樓的改造，政府將街屋的騎樓貫通，讓遊客與商家能夠在雨天依舊方便做生意。於是日本政府就將這樣的改造經驗帶到大溪。街屋正面上方則有三角形或梯形

大溪街屋一崁店示意圖。

桃園走讀小知識　街屋

　　「街屋」是指城市裡沿街道所建的長型住商合一的房屋，又稱「店屋」。因臺灣氣候溼熱多雨的關係，傳統街屋多設有騎樓（亭仔腳），以利民眾能不受天氣影響往來購物做生意。由於大溪是因商業利益發展起來的市鎮，因此街屋在老街區相當普遍。街屋具有多重功能性的建築，臨街門面可以做生意，後段進深較長的空間則用來居住及存貨。從前廳到後院，內部空間功能各異。目前大溪老街旁保存良好的長型街屋中，最長可發展到縱深約 60 公尺的「四落」。讀者們有機會可至大溪探索街屋，如源古本舖、下街四十番地、蘭室、老成利咖啡、新南 12。

　　山牆裝飾，除了標示商家店名之外，周圍飾以象徵各式吉祥意涵的圖騰。在時代的洗禮下，這些牌樓就突顯了臺灣的特色，這些牌樓融合了西式（巴洛克式山牆）、日式（技法與法規）、中式（圖騰意義，許多圖騰意義要以臺語發音，如雕刻松、鶴、竹、鹿，代表「尚好得祿」之意），成為今日造訪大溪必不會錯過的特色景點。

　　走在街屋騎樓時，如有機會，建議能找一店家入內參觀或消費。臺灣早期街市為了要讓更多的商家進駐最繁榮的商業中心，店面多為一間房間的寬度，以利更多商家可以在街道旁開店展示商品。住商合一的需求，就建成了狹長型的街屋，這些房子的格局呈長條型，縱深極深，為增加採光，設有天井。走進這樣的街屋，就好像在探險一樣，不知道店家會在下一個空間準備什麼樣的驚喜？也許是在天井下有一方小桌可以品茶，也許是讓遊客在以前的土臥看書……，一個角落可以刻畫出一個獨立的空間，悠閒的在這裡渡過閒適的午後，別有一番風味。

● 先民合作奉大廟：福仁宮

　　走在和平老街的兩排街屋中，會發現矗立著一幢傳統的三殿式廟宇福仁宮，本座廟宇創建於嘉慶 18 年（1813），為大溪地區歷時悠久的宮廟。大溪在地人親暱地稱福仁宮為「大廟」，不僅是由於此廟宇為先民初來本地拓荒時，在同時遭遇原住民的反擊、水土不服等各式打擊之下，特地自河西「埔頂」地區的仁和宮分香，來此建立這座保佑先民的福仁宮，也是因為大溪自清領時期，即因大漢溪水運的關係，為各地物資滙聚之處，聚集了來自不同地方的居民，於是福仁宮內，除了主祀開漳聖王，也有護佑航海平安的媽祖、泉州人的守護神保生大帝及客家人的守護神三山國王。所以福仁宮不同於臺灣其他早期拓墾區的廟宇，有明顯的祖籍香火祭祀圈之分，其信眾廣佈大溪地區。

當地人俗稱「大廟」的福仁宮。

在福仁宮前方有一大片廟埕，平日可供信眾暫停機車之外，越過和平街的另一側，同樣有片空地，平日讓附近居民利用，並搭有戲台，承載百年來民間忠孝節義故事的傳承。整片空地加上廟埕，在賽神豬之時，放滿各地善男信女供奉的祭品與神豬，說明香火之鼎盛。

神豬競賽的活動，是福仁宮每年在農曆二月十一日提前慶祝開漳聖王聖誕（開漳聖王聖誕為二月十六）。由於在大溪地區分類械鬥頻繁，於是咸豐年間地方頭人商議下，為消弭族群糾紛，特將三山國王與保生大帝同迎入祀，並改以大溪十大姓氏公號作為輪值順序，為神明祝壽，而創造了共同合作開發大溪的契機。

進入正殿，前殿正門入口處高懸「漳江遺愛」匾額，說明來此墾殖的早期先民源自福建漳州。不同祖籍居民共同信仰空間的特徵，不單單只反映在神祇的供奉，為感謝普濟堂關聖帝君點礦而為其打造的百年神轎，平日保存於福仁宮，且遶境時，最吸睛的「大仙尪」也存放在福仁宮內，另外，大溪獨具特色、遶境活動中引領風騷的社頭團體，其辦公室，如「同人社」、「協義社」等，也都可在福仁宮見到。神明間彼此的支援、合作，在大溪老街的兩大廟宇及廟會活動中展露無遺，是臺灣其他地區少見，也是感受當地居民濃厚向心力的內在表現。

離開廟宇前，可稍稍留意嵌於虎門廳壁面的五座石碑，這五座石碑分別為「公議嚴禁惡習碑」、「天上聖母祀典田業碑」、「建造敬字亭碑」、「福仁宮田業緣金碑」、「嚴禁破壞龍脈碑」。這五塊碑字跡雖已斑駁模糊，可是卻是見證本地移民建立「公議」與「共信」的重要歷史證據。

● 篳路藍縷立先業：通議第

　　大溪的開發，和板橋林家關係密切。清末，板橋林家為避械鬥之亂，自新莊遷至大溪，加上大溪自有的山林物產，遂讓林家開始在此進行開墾。當時原住民與漢人仍時有衝突，因此林家在老街上興建了一座大型的宅邸「通議第」護衛家業。當時美國駐廈門領事李仙得曾訪臺，留下兩幅大嵙崁圖，圖中可見一大宅矗立於老街上，即為通議第。

　　日治時，林家將自宅捐出，部分做為大溪公學校（即今日的大溪國小前身）的校地。戰後，政府將另一部分用地改為運動公園，並於其中搭建了一座仿通議第的城樓，說明此地的歷史淵源。不知情的遊客或許會覺得在一個傳統市場裡，有座不新不舊的城樓，卻不能登上觀覽，甚為突兀。如何將此地的歷史感更妥善地融入在地，或也是地方政府要思考的方向。

昔日的通議第遺址僅留下一處紀念石碑留後人緬懷。

日洋融合新氣象：公會堂

如果沿著古道上來老街，是被右方翠綠的公園吸引，那就會被領到另一個時空。

走在普濟路，沿路錯落著日式傳統木造建築，感受到的會是濃濃的日式風情。日本殖民政府來臺時，老街早已住滿了居民，晚到的統治者只得另闢蹊徑，在河岸旁打造一座休憩用的公園之餘，並將公家宿舍蓋在左近。所以大溪木藝博物館的日式建物，都座落於普濟路。

穿越公園，先看到大溪公會堂。此處最早是日治時期提供給大溪地區的仕紳開會討論公共議題的場所，給予地方仕紳參與公共事務的權利，也藉此類場合來進行監視。整體建物外觀呈現的是紅磚配灰白色系水平飾帶相間的配色，加上正面的三角型門楣。此類造型的建築當時在臺灣相當流行，被稱做是「辰野式」風格，為當時日本知名建築師「辰野金吾」所創造出的樣式，同時結合英國建築師 Norman Shaw 洋房紅磚的特色，再融合東洋對幾何裝飾的美感而成。辰野金吾最具代表性的作品即是東京車站。

戰後，前總統將中止喜愛大溪的景色，將此處改建為他來到大溪的行館，很長一段時間未對外開放。直到解嚴後，社會風氣改變，近日才重新整修開放。因此建物外觀既有日本大正時期流行的風格，也有國民政府帶來的藍白色彩元素，另外還配有數根煙囪，是因為蔣宋美齡生活西化，所以在增建的建物上就附上了有壁爐的房間。

保境安民勤修習：武德殿

再往前行，則會看到武德殿。日治時期的警察除了配備西式槍械之外，也要練習柔道、劍道等武藝，承襲傳統的武士道精神，而武德殿就是當時警察們

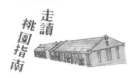

（上）大溪公會堂；（下）帶有煙囪的增建建物，現為咖啡廳與展覽空間。

天氣晴朗時往大漢溪上游側望去，可遠望崁津橋與石門水庫大壩。

桃園走讀小知識　大溪的河階地形

　　來到公會堂，別忘了在建築後方的涼亭停留片刻，欣賞一下大溪著名的河階地形。「河階」是指分布於河流兩側、如同階梯般的地形景觀，因臺北盆地陷落，古大漢溪與新店溪發生「襲奪作用」，使原本向西入海的古大漢溪改向，往北流入淡水河流域。受河流侵蝕基準下移影響，古大漢溪下蝕力旺盛，舊河道與原有的兩岸平原逐漸成為較高的階地，大約在五萬年前，於石門至鶯歌之間的大漢溪畔，慢慢形成頗具規模的大溪河階群。其中又以右岸（河東）的三層河階景觀最為完整。第一階為最靠近溪流的月眉、順時埔地區，第二階為現今大溪市街的所在地，第三階則是三層地區。

在進行訓練的武道場。和先前公會堂滿溢西式風味的氣氛不同，武德殿是依傳統日式建築外觀打造。整座建物保留的相當完整，並未因戰後的去日本化一同被拆除，是因為此地在戰後長時間成為蔣中正來大溪時，憲兵隊的駐地。

在武德殿上方屋簷兩端，裝飾著鴟尾（又稱「螭吻」，龍生九子之一，外形為龍頭魚身），相傳此物喜四處眺望而端坐高處，又因其屬水性，所以用作鎮邪之物以避火。側邊山牆面上還可看到為保護樑而製成的裝飾物「貝頭懸魚」。入口門廊採三角形的「入母屋式破風」，上方則可看到，為將上下樑枋的荷重平均分配於樑，所做的具承重與墊托的墩──蟇股（「蟇」通「蟆」，「蟇股」指「蛙腿」），以前多為木造，但大溪武德殿是使用鋼筋混凝土加磚造，所以這裡的蟇股是水泥仿木作的構件。

以木頭鋪設的地板可以吸納練習者腿部的衝擊，至今前去武德殿參觀時，仍會被要求要脫鞋才能入內，裸足踩在木板上，足下傳來溫潤的感受，周圍映入眼簾的是木博館不定期舉辦的各式不同主題展覽，每隔一段時間去參觀，都會有不同的驚喜。另外，武德殿的採光很好，這是因為要讓殿內天光充足之外，還要讓穿著厚重劍道服運動的人不會太過悶熱，故設置了 12 扇佔牆面一半高度的大開窗。

武德殿旁邊連結一段廊道，廊道通往的空間被稱為「武德殿附屬建築」，推測可能是以前警察在練武時，換柔道服的空間，或是長官們的交誼廳。小渡廊不長也不寬，稍稍隱蔽的空間，加上來往兩邊的遊客穿越時間短，是一個很不錯的拍照景點。整修時也以檜木做為渡廊的主要建材，因此空氣中瀰漫著檜木香。在陽光正好、遊客不多的時節，很想讓人坐在廊道上，好好享受午後。

離開武德殿再繼續往前，可以看到日治時期的警察宿舍「四連棟」。進入四連棟，可以先深呼吸，因為作為主要建材的檜木，至今仍散發著淡淡的檜木香。稱為四連棟是因為從圍牆觀察當時應可供四戶居住，今日由於木博館的需求，因此將四戶打通。目前做為木博館的常設館之一，四連棟裡面呈現的是整

大溪武德殿。

四連棟現為大溪木藝博物館區重要的常設展示空間。

體大溪的介紹，從地理環境、物產帶動經濟發展，以及大溪地區早期的仕紳和名人等，還有具大溪特色建築的等比模型如通議第和街屋等，可供民眾更清晰地觀察大溪變遷與生活樣貌。

百年風華待追憶：建成商行

在公會堂到武德殿之間有一條岔路，可以通往中山路（新南老街）。這條路在清代及日治時期是許多大溪在地仕紳的住宅所在地。雖然今日其後代多半已不住在本地，可是從留下來的牌樓立面宏大之規模，依舊可以想見昔日的繁榮盛景。

經過至今仍能汲水的水井後不久，率先映入眼簾的是一座醒目的穹窿式屋頂加上雙柱式三開間的氣派牌樓立面。在2020年整修牌樓屋頂竣工後，現今可以清楚的看到圓頂前清楚的「簡」字，以及前方以金色為底鑄成的「建成商行」（KENSEI SHOCO）字樣。此處為日治時期大溪樟腦與煤礦鉅擘簡阿牛於1921年所打造，昔日穹窿圓頂的鱗片還以黃銅包覆，更顯富貴。如今雄偉的氣勢還保留在建物的外貌，但已頹圮的內院、蔓草恣意生長，徒留旅人唏噓。

桃園走讀小知識　簡阿牛（1882～1923）

大溪內柵人。從事製腦、煤礦、金礦等各式產業致富。早年曾率義勇反抗日軍，後聽從父老規勸接受招撫。生性豪邁且擅於溝通，並通曉泰雅族語，與原住民有良好關係。1910年獲總督府頒贈「紳章」；1920年出任首屆新竹州協議會員。1921年被選任為臺灣總督府評議員。在世時，多方參與和贊助大溪公共事務。

（上）建成商行牌樓立面；（下）蘭室的三開間結構。

● 文人風範附窗櫺：蘭室

　　再往前走不遠，會來到走讀行程的最後一站，那是一座三開間的街屋「蘭室」，清末時為秀才呂鷹揚的府邸，其子呂鐵洲在日治時期是亦為有名的膠彩畫家。宅邸如今成為一座前半部為展覽空間，後半部可供品茗茶飲的複合式老宅。初見建物，印象深刻的應該是柱身為日治時期最常見的紅白相間磚造型，至今仍完好如初。牌樓立面上方還立著一隻昂然的雄鷹，說明主人的身份以及對自己的期許。進入內裡，則會看見許多精美的木雕和細膩的裝飾仍被完整的保留下來，能夠想見最初主人公所遺下的文人雅士品味。

延伸閱讀

花開富貴圖文，《話畫大溪之旅遊手札》（臺北縣：芃采設計，2017）。

桃園縣大溪鎮歷史街坊再造協會編輯小組，《大溪文化導覽》（桃園縣：桃園縣大溪鎮歷史街坊再造協會，1996）。

莊秀美主編，《桃園市文化資產導覽手冊》（桃園市：桃園市文化局，2017）。

陳銘磻，《大漢溪紀行──大漢溪桃園流域的人文生態與地景錄》（臺北：布克文化，2018）。

詠月人文研究室／林炯任，《福仁宮五碑探源》（發行人：林寶猜，2019）。楊孟珣等撰稿，《本地 The Place：桃園》（臺北：編集者新聞社，2019）。簡瑞仁，《大溪福仁宮沿革簡介》（桃園：福仁宮管理委員會，2002）。

桃園市政府文化局：

https://culture.tycg.gov.tw/home.jsp?id=150&parentpath=0,130,134

霄裡南興區域的
歷史文化走讀

文、圖／林煒舒（中華民國社區教育學會秘書長）

 前言

　　本文所介紹的走讀範圍為霄裡區域，此區在日治時期曾經是新竹州推薦的重要觀光景點，當時主要的旅遊地景有二項：其一是 1910 至 1930 年代晚期臺灣的淡水水產養殖實驗場「臺灣總督府淡水水產養殖場」，其二則是從崁子腳驛（今內壢火車站）出發到霄裡淡水水產養殖場的崁子頂路線。前者可以看到養出臺灣第一隻牛蛙和德國鯉魚的首座現代化淡水養殖場，後者可以從崁子頂遠觀一望無際的桃園臺地。

　　霄裡的地理位置在南北桃園交界上，行政區域為八德區霄裡里、竹園里、茄苳里、龍友里、白鷺里以及大溪區南興里，而屬清代「淡水社十二社」之一的「霄裡社」，是凱達格蘭族與道卡斯族傳統領域的交界。清代乾隆初期已知的霄裡社傳統領域，包括番仔寮台地和龍潭台地，其界線大致上是從桃園台地南端，迤邐到龍潭台地，呈東北─西南走向的狹長區域，為自崁仔腳延伸的桃園台地和中壢台地之間的崖腳區域，因而出現了屬於日式地名風格的「山下」，

以及閩客語風格的「崁子腳」、「崁子頭」、「崁子頂」等地名，讓人對此地的地形樣貌印象深刻。

本地貧瘠的紅黃土壤，夾帶著古石門溪河床沖積下的大量卵石，因為很難開闢成為良田，又河川短淺、水量不豐、無灌溉之利，所以開發相當慢，直到雍正年間還是一片荒煙蔓草。霄裡區域在乾隆初期以薛啟隆為主的客閩集團開墾時，與在地的霄裡社知母六合作，雙方分別在霄裡社與虎茅莊建立了三元宮，遂形成以凱達格蘭族和閩客各自崇信的二個三官大帝信仰區域。之後霄裡社知母六改姓名為蕭那英，將凱達格蘭族的三官信仰往南興莊、番子寮、銅鑼圈等區域傳播後，成為融合凱達格蘭族和漢人文化的、具有獨特性格的傳統文化。1949 年之後，隨著政府遷台的雲南擺夷族、雲南穆斯林被安置在本區，因而成為一個族群繁複、文化多元、信仰殊異的獨特區域。

清代大官道自臺灣府城（今臺南市）出發之後，往北通達到新莊（今新北市新莊區），是南北往來的要道。大官道在湖口莊鳳山崎（今新竹縣湖口鄉山崎村）開始，分成三條進入桃園境內，北路為「芝葩里道」，中路「龜崙道」，

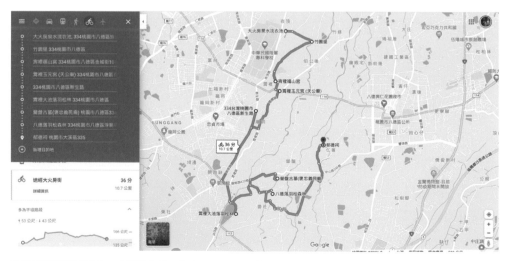

霄裡南興地區地圖。（資料來源：取自 Google Map）

南路「內港道」，閩客拓墾腳步隨著官道逐步進展。在拓墾歷程之中，乾隆十年（1745），福建布政使高山曾制定出「生番在內、漢民在外，熟番間隔於其中」的三層制族群空間分布構想，而以前後劃定的紅線、綠線、紫線、藍線等四條國境界線，形成「漢墾區」、「保留區」，以及「隘墾區」的西部臺灣三大人文地理區的人文風貌，以及三大官道的拓展。清代桃園台地上三大官道的出現，讓島嶼上的人、物資以及自然景觀，逐步形成南北流往通往來的景觀，南部的族群、動植物，島外的族群、動植物，不斷進入桃園台地，因而更增添景觀的豐富度。

走讀路線

　　桃園北區客家會館→大火房浣衣池→霄裡福山宮生態公園→霄裡國小→霄裡玉元宮，清操世第，福泉宮→至德堂→石母娘娘祠→玉德石母浣衣池→霄裡大池→洪圳→石門大圳第三號渡槽→義民祠→郁德祠。

地景介紹

（一）祖堂公廳：桃園北區客家會館、清操世第、福泉宮

　　桃園北區客家會館，是桃園市政府規劃中，北桃園區域內重要的客家生活文化推廣中心，以及藝文團體展演的新場地。中央政府原定在 2022 年由桃園市政府辦理的「第一屆世界客家博覽會」，因為新冠肺炎肆虐緣故，決定展延到 2023 年舉辦。屆時，此一已經完成第一期工程的新建場館，被市政府規劃成為世界客家博覽會的主要展示場域之一，也意味著霄裡區域的歷史、水文、族群和文化，將躍上國際，成為鮮活亮麗的臺灣客家文化代表。

　　擁有八十五萬客家族群的桃園市，是臺灣最大的客家城市，對於客家文化

建設的需求，與日俱增。由於南桃園區域已經在龍潭區設立一座客家文化館，而北桃園區域也有二十六萬客家人口，為了平衡南北區域的客家文化發展、促進族群融合，且元智大學、中原大學二個「大學社會責任計畫」（簡稱：USR）團隊長期在此地經營，因此促使前任市長鄭文燦決定在此設置北區客家會館。第一期工程總經費約 1 億 2,500 萬元、基地面積 2,307.25 坪，已經興建完成一座具有客家傳統風格的二層樓鋼筋混凝土建築，並在周邊打造成一個地景公園，成為完整配套的設計。

桃園北區客家會館，除了在 2023 年作為世界客家博覽會的主展場之外，平日則作為霄裡區域的客家文化推廣、教學與藝文表演場域，並辦理一系列與霄裡客家文化有關的常態展覽。霄裡區域擁有十三口浣衣池，自先民拓墾本地以來，二百六十年來成為在地客家聚落生活的重要文化組成基因，而浣衣池旁供奉的石母娘娘祠，也是客家先民石頭信仰文化的重要組成。因而桃園北區客家會館在建築風格上，把客家的「埕」、「浪」意象融入，將客家人「尊天敬神」的風水觀念，結合現代建築與傳統建築風格的結合與轉化，讓展示、體驗和室外綠草繁花的空間結合，將「天人合一」的文化觀結合，彰顯人和土地的關係，讓到此參觀的遊客能深刻地認識「敬天愛地」、「順應自然」的客家庄精神。

霄裡區域擁有桃園境內最密集的祖堂公廳，在短短四公里的範圍內，散落著七座客家祖堂，形成一個值得深入瞭解的客家文化帶，這也是桃園北區客家會館落腳於此，以及第一屆世界客家博覽會在此舉辦的底氣所在。

盧屋清操世第旁的福泉宮浣衣池，當地人稱「水井石頭伯公」，為盧屋聚落世世代代的守護神。霄裡區域的伯公都陸續雕製出擬人形象的伯公像之際，水井伯公仍然保持盧氏先祖拓

忠貞市場

墾時的石頭伯公形象，二百多年來在此一猶
如世外桃源的地方，緘默不語地保護著
這口靈泉。

　　清代乾隆年間，盧輝榮兄弟
二人，自廣東省潮州府大埔縣
撫嶺鄉石井角，渡海來臺後先
至大溪中庄附近開墾，其弟往南部
發展，從此杳無音訊。盧氏至第
三代才入墾霄裡定居，清操世第

為盧屋祖堂，而堂號之所以取為「清操世
第」，有二種說法：其一是盧屋長輩說先祖曾為武官，所獲得的賜名；其二說
法為，東漢末盧氏先祖盧植為官廉節，因此盧姓後代均以「清操世第」為堂
號。水井伯公與盧屋聚落是緊密結合的共同體，就像石袋娘與吳屋聚落的關係
一般，體現出先民來台拓墾時的天、地、水，也就是「天人合一」的傳統信
仰與價值觀。霄裡區域的客家七姓家族，自北而南成行列式排列，七座祖堂的
Google Map GIS 座標如下列：

國旗屋

七座祖堂	座標
大火房鍾屋潁川堂	24°56'39.4"N 121°15'57.2"E
霄裡盧屋清操世第	24°55'57.6"N 121°15'46.3"E
廟前吳屋至德堂	24°55'49.0"N 121°15'40.0"E
山下何屋廬江堂	24°55'44.1"N 121°15'38.4"E
大車路謝屋寶樹堂	24°55'41.7"N 121°15'38.3"E
營盤彭屋帝祥世家	24°55'05.0"N 121°15'20.7"E
官路缺袁屋德慶堂	24°55'03.0"N 121°15'21.9"E

霄裡區域的七個聚落、七座祖堂，井然有序從北向南排列，每座祖堂的正廳都面向東方，背靠中壢台地，形成一整片的風水寶地。

（二）浣衣伙房：至德堂、石母娘娘、至德石母浣衣池、大火房鍾屋、大火房浣衣池

霄裡的客家族群有著四縣、海陸、饒平、大埔等四種口音，閩南族群則以泉州腔調為主。吳屋至德堂的開拓始祖是吳仲立，於乾隆十五年（1750）自廣東省嘉應州鎮平縣，與宗親一起渡海，在淡水上岸。吳屋後代流傳著的故事是，吳仲立和族親三十餘人向桃園台地走，到達霄裡莊崁仔頂時，因為肩上挑擔的籮索斷裂了，於是宗族們全部停下腳步，眺望著崁仔腳區域的霄裡莊，放眼所及是一塊風水寶地，因而決定落腳於此，並向原拓墾的業戶購買土地，按照客家人的習俗建立「至德堂」，以至德堂為中心，族親們聚居成為吳屋的伙房。

至德堂是一座一進二護式的三合院，吳屋聚落佔地三甲，屬西北一東南向，背靠中壢台地崁仔頂，祖堂前為「看不盡的霄裡田、食不完的霄裡米」，兩側和崁仔頂則有著「斬不盡的鶯歌竹」。此地在傳統風水學上屬兩側環抱的「螃蟹穴」，符合「環抱圍護、前敞後實」的區位原則。目前祖堂的建築是明治三十二年（1899）重建完成，據石母娘娘祠管理委員會主任委員吳錦淇先生口述提及，在百餘年前重建時請到的師父可能是 Hok-Lò（福佬）工匠，當時並未按照傳統客家建築應有的方式建造化胎、雙棟、福德龍神龕、天官賜福龕，祖堂建築變成為偏閩式風格。吳家族親在每年農曆二月初六日，會召集全部宗族宰豬舉行祭祖儀式，追思勉懷祖先來臺開創的艱苦歷程。

「石哀」與「石爺」信仰是客家人極具特色的民俗文化（閩南人稱石公、石母），以往在生活環境條件不良的狀況下，為了祈求小孩出生後能順遂平安、避開災厄，住民們透過對石頭的祭祀，表達出祈求神靈守護子女平安長大的期盼。「石哀」在客家民間信仰當中，是一位專職守護當地子女成長，有如慈母

般的孩童守護神。一般而言，如有發現尺寸較大、外形顯眼的石頭，或是有特殊淵源者，都能成為奉祀石哀的起源，「至德石母」是吳家開基祖於清初來臺移墾時的落腳地，而「石哀」則是水源上的石頭，因而成為子孫念祖思源之地。石母娘娘祠奉祀的石頭總共三顆，中間最大的是「石哀」，左右兩側比較小的二顆分別是「石爺」與「石子」，構成一個完整的石頭神祇家族。桃竹苗區域約有上百處「石公、石母」信仰的場域，神祇的誕辰祭祀日期大概都定在農曆的五月五日、八月十五、二月二十三日，或正月十五日，霄裡的石母娘娘誕辰比較特殊，定在農曆四月八日，以佛教的浴佛節，作為「石哀」的生日，這一天同時也是霄裡人共同的「母親節」，因而顯得相當特殊。在這一天石母娘娘祠的管理委員會都會舉辦祭典，以感念石母對當地民眾庇佑，近幾年來更會邀請桃竹苗區域其他地方的石頭信仰團體，到此參與祭典活動，從而更將霄裡的客家傳統文化之美，傳承延續下去。

　　霄裡區域擁有十二口浣衣池（客語．洗衫坑），形成一個密集的浣衣文化聚落。在現代社會裡，家家戶戶都購置了洗衣機，到浣衣池洗衣服對城市裡的人們而言，似乎是遙不可見的景觀，因而霄裡區域的洗衣文化，格外值得珍惜和保存。這裡的浣衣池之中，獲得聚落主人同意開放，最值得看的有四口，分別是：石母娘娘、福泉宮、大火房和福山宮浣衣池。其中尤以石母娘娘祠前的這一口浣衣池，是霄裡區域最美且最具規模的浣衣池。在每天凌晨三、四點鐘左右，附近聚落的婦女就摟著一羅羅的衣服到此處洗衣。在夏季和冬季的清晨洗衣服時，必須穿著雨衣，因而夏天會呈現手上邊洗衣、邊拭汗的景觀，這是因為夏天蚊蟲多，冬日天氣比較冷的緣故。婦女們在邊洗衣服邊閒聊時，各家

大火房浣衣池

院落間的大小事,隨而傳揚,所以浣衣池也是在地人家的情報站。盛夏時節,在此地往往聚滿小朋友嬉水,也讓霄裡的浣衣池成為了一口口散播著歡笑與在地故事的美麗景點。

「夥房」是典型的客家聚落名稱,高雄市、屏東縣六堆區域的客家聚落,至今仍然按照祖居地的傳統,將聚落命名為「夥房」,而桃竹苗區域以至中部的客家民宅,則大致上被命名為「伙房」,從而形成南北客家文化區域的重要差異。位在八德區竹園里的鍾屋聚落,在地慣稱為「大火房」。竹霄社區發展協會總幹事李宏盛提及,本地原來的聚落名稱是「大伙房」,因為在戶籍登記上被寫成「大火房」,之後被一直沿用,反而成為在全臺灣獨具風格的地名,因此已經將地名改過。如今在 Google Map 和政府發行的地圖上,都更改成「大火房」。

傳統客家型式的夥房建築,是一種以客家祖堂作為中心所形成的單姓家族合院聚落。在眾多共同宗族所建的居所,客家建築一向遵從「祖在廳,神在廟」的傳統祭祀區隔空間,亦即祖堂、公廳只供奉祖先牌位,逢年過節則到寺廟祭拜神明。大火房聚落在霄裡區域的最北邊,自清代拓墾以來,因為長期遺世而獨立,霄裡人稱此地為「長壽村」。鍾屋聚落的中心是鍾姓祖堂「穎川堂」,堂的左側是「秀山宮」與「換子嫲」,右側則為鍾屋伙房聚落和浣衣池。穎川堂前為開闊的霄裡田,頗有「看不盡霄裡田」的景觀,背倚崁頂的崖丘,充分展現了「環

崁子腳鴻撫宮

抱維護，前敞後實」的傳統風水觀。

　　桃園市政府青年局和元智大學 USR 計畫合作，在大火房設立了一個經營在地客家文化的聚點，並按照客家的命名方式，稱為「坐伙」。此聚點除了有一些由元智大學學生手作、固定展出的藝術品之外，也不定期展出一些與霄裡文化有關的展覽。

（三）開拓邊疆：霄裡大池、紅圳、石門大圳、官路缺、義民祠

　　清代時期曾經有一條大官道，從臺南府城出發後，往北通到達到新莊。這條大官道在到達湖口莊鳳山崎之後，分成三條，分別是北路的芝葩里道、中路的龜崙嶺道，以及南路的內港道。

　　現今桃園台地上的三條官道，分別留下幾個值得紀念的地名，分別為芝葩里、大路下、官路缺。官路缺位置在今天的霄裡大池，因為內港道經過此地時，從南往北要往下走約十公尺，從北往南則是往上走十公尺的上坂路。當時官路缺是土牛紅線上的重要關隘，而此地現在留下了幾個可以回溯當時歷史的地名——紅圳、番社、浮筧、營盤、大車路、社角，成為鮮活生動的歷史見證。

　　洪圳又稱「紅圳」，從地名上就可以得知，這是土牛紅線上的界址，同時也是十八世紀清朝國土東邊的國界線。自荷蘭統治時期開始，臺灣的土地上就被劃出一條條分隔原漢族群的國境線，其中最知名的就是「土牛紅線」，這是清代臺灣自南而北陸續劃定的幾條國境線。康熙六十一年（1722）的朱一貴事件被平定後，清朝決定以「唯立石禁入番地」隔絕原住民族、平埔族與漢人。至乾隆年間變成劃分漢民、「熟番」與「生番」的界限。最初在原住民族出沒處立石為界，後來以山溪為界，無山溪處，一律挑溝堆土，以分界限。界限的土堆，形如臥牛，故稱「土牛」；所挖掘的深溝，則稱為「土牛溝」。第一張劃界地圖使用紅線標示番界，因而習慣稱為「紅線」，用以指稱地圖上無形的「番界」，以土牛代表地形上有形的界限，二者合稱「土牛紅線」。洪圳是乾

隆六年（1741）由知母六與漢人合作開鑿，特徵是寬、大、深，頗為符合史料記載的「深六尺，闊一丈二尺」。由於臺灣人習慣將「溪」稱「圳」，紅圳可能原來是土牛紅線上的一條溪流，被改造成水圳。

本區擁有在文獻記載上，歷史悠久的埤塘和水圳系統。霄裡區域的埤塘系統於乾隆六年（1741）開始開拓，是淡水十二社的凱達格蘭、雷朗族、霄裡社通事知母六，與客籍墾首薛啟隆共同開鑿的埤圳系統。而霄裡陂、劉金波大埤、霄裡埤與向天埤等四口埤塘，以及霄裡大圳、洪圳、東圳、中圳等水圳系統，源頭則是從龍潭大池，透過紅圳將埤塘的水源引到霄裡大池之後，結合當地豐富的湧泉，按地形所築造成的埤塘，灌溉範圍包括霄裡莊、營盤、大車路、山腳庄等眾多遼闊的田園。知母六在乾隆年間擔任霄裡社通事，後改為蕭那英，因此其後代為漢姓，是為霄裡蕭氏家族的開基之祖。

霄裡大池面積約六甲，海拔高度 150 公尺，高於霄裡、八德等地。霄裡的

桃園大圳

大池、大圳在北臺灣的族群融合、文化發展及埤圳開拓上,都具有特殊的代表性意涵。霄裡大池,可說是桃園市境內具有相當代表性的一口埤塘,由於是在龍岡和霄裡交界的區域,池畔的洪圳兩岸種植了一整排落羽松,在大池下方的浮筧區域,更種植多達三千株落羽松,形成一個擁有自然美景、湖光水色的觀光潛力點,也是一顆位處桃園心臟地帶無價的「水珠」。

桃園地處本島西北,境內的半是由古石門溪所沖積而成的台地平原。由於境內台地多在海拔二百公尺上下,因而雖然地勢平坦,但卻缺乏水源無法順利生產。在水利灌溉還沒有普遍建立運用時,經常會存在著「看天田」的情形,農作物是否豐收,就要靠天幫忙,水的來源佔了大半的因素,因此就有很多的埤塘,以儲備灌溉的用水。

石門水庫建於大漢溪的主流上,1956 年 7 月開工,1964 年 6 月完工,設有大壩、溢洪道、排洪隧道、發電廠、後池及後池堰、桃園大圳及石門大圳等工程。石門大圳是南桃園的主動脈,舉凡工業、商業、農業等各種產業的發展,都必須倚靠大圳提供的水源。清代漢人拓墾的足跡進入桃園台地後,必須克服缺水的自然環境,以及與原住民族的衝突問題,因此設置了營盤、隘、土牛溝等防禦設施,其中在清朝統治前期留下為數不多的史料之中,「霄裡汛」是個重要的指標性地名,此地即為今日「官路缺」、「營盤」地名所在。

官路缺位在七十二號與一一二號縣道的交會口,康熙五十年(1711)後,由於拓墾需求,除原有舊官道外,增闢二條新路:一條自鳳山崎經大湖口、三湖至八塊厝,然後沿大料崁溪西岸經鶯歌、山仔腳、樹林至大加蚋保,稱為「內港道」;另一條為鳳山崎經大湖口、三、之巴里後,轉西北行到南崁社,循林口台地沿海而行,至八里岔從淡水河道到新莊,稱為「芝葩里道」。官路缺為內港道自此下中壢台地的階崖,故得名。

　　康熙五十年（1711），出現了大官道「內港道」。《諸羅縣志》載：「擺接附近，內山野番出沒，東由海山通宵裡，通鳳山崎大路。海山舊為人所不到，地平曠，近始有漢人耕作；而內港之路通矣。」營盤古墓的「營盤」之意，是源自明鄭時期的營盤田制度，為在地駐軍自謀軍糧的屯墾地。宵裡汛營盤所在地，是原漢交界之處，此地凱達格蘭族、漢人曾經合作共同建隘戍守，透過營盤建立，漢人勢力向內擴展，凱達格蘭族逐漸漢化，泰雅族則退居山林。「宵裡汛」即為營盤舊地名，由駐軍駐守著官道，南接官路缺，往東勢庄、安平鎮庄，通鳳山崎大路至竹塹；北沿大料崁溪西岸經鶯歌、樹林可達臺北盆地之海山、新莊等地，此即「內港官道」。越茄苳溪即番社，今「營盤」、「番社」地名仍在，分別位於茄苳溪左、右二岸，可見清代初墾時期原漢的關係。營盤之地，現在已經建起了一座義民祠，奉祀為清朝守衛土牛紅線的義民爺。每年 8、9 月之間，宵裡區域都會舉辦熱鬧的義民祭典，也成為營盤區域的特色。

（四）自然生態：宵裡國小、福山宮生態公園、落羽松森林

　　福山宮生態公園生態埤塘旁的茄苳樹下，自2017年地景藝術節之後，長期展出一隻碩大無比、與樹林等高的大青蛙，這隻由日本知名藝術家藤井芳澤親手打造的「戲畫青蛙（GIGA FROG）」，成為當今宵裡文化的代表，讓到此造訪的人，無不印象深刻。藤井先生當初的創作理念，是因為看到宵裡國小週邊區域大片的稻田之中，棲息在埤塘與田野間，感受到宵裡是個生態環境友善的寶地。但是，藤井先生也很感慨，由於人類對於經濟發展的執著，造成溫室氣體效應，導致氣候變遷，還有工業廢水大規模的污染以及農藥的濫用等等，

都讓青蛙們無法再生存下去。青蛙的棲地消失了，青蛙也就從我們的身旁逐漸消失了，再也難以聽到清脆的蛙鳴聲！他認為，這些青蛙其實很想很想跟我們說：「請讓我們和人類在這水源豐富的土地上，長久地共同生存下去吧！」

　　藤井先生的創作其實饒富對自然的關懷，對人類愚蠢行為的深惡痛絕。其實他在創作這件作品時，並不知道霄裡國小在台灣的歷史上，和「青蛙」的關係極其密切；當初他動員了霄裡的民眾收集數萬個廢棄的「鋁罐」，一個鋁罐只能打出一小塊青蛙的軀體，但是執著的藤井先生每塊只要有著一絲絲的缺陷就放棄，因而組成青蛙身體的七、八千塊鋁塊背後，是霄裡的人家社區集體意識建立的歷程。家家戶戶為了「拼出」這隻大青蛙，喝了不少罐的台啤和黑松沙士，讓大青蛙身上灌注了更多的台灣元素。藤井先生在有心有情之間，打造了這隻大青蛙，也成為霄裡的重要地標。同時也在無意之間，讓霄裡知道了自己的土地歷史。

霄裡國小

　　明治四十三年（1910）臺灣總督府分別在鹿港與桃園廳桃澗堡霄裡庄設立水產試業所，鹿港是海水，霄裡是淡水養殖試驗，是為臺灣養殖魚業的開始。大正十年（1921）改名稱為霄裡淡水養殖試驗場。大正九年（1920），成立臺灣總督府淡水養殖實驗所，實驗養殖捕食瘧疾傳染媒介幼蟲的大肚魚，都是因為利用此地絕佳的湧泉所賜。其後，因水產養殖場的廢棄，造成原有七口埤塘也遭到填埋的命運。

　　生態公園座落在擁有優美校園的霄裡國小旁，與浣衣池、樹山伯公、生態埤塘，共同連結成為一片雅緻精萃的天成美景。鄭文燦前市長特別指定 2017年地景藝術節的副展場在竹霄社區，因而也在生態公園和霄裡國小間，留下二件令人印象深刻的藝術作品。尤其藤井芳澤創作的「戲話青蛙」更成為討論度極高的作品，也間接讓大臺北區域的人們，知道了這有著花東風景的優美小學。

　　昭和四年（1929）合併基隆、台南、霄裡及凌海丸試驗船成立「臺灣總督府水產試驗場」，並在基隆及臺南設支場，結束了霄裡的水產養殖試驗。在水產試業所尚未成立前，按照《臺灣堡圖》的查校，本地原為一口大型埤塘，地名為 Hok-Lò口音的「山腳」，與現在採用的「山下」，大相逕庭。在養殖試驗場存在期間，此地擴增至七口大、中型埤塘，應為試驗場進行淡水養殖的場域。霄裡國小是一

福山宮霄裡浣衣池

所以眷村、原住民及新住民等弱勢家庭的子女，資源相對比較缺乏。校園牆壁有著一系列的彩繪牆，是由大學生帶著學童一起動手做，讓小朋友也可以參與校園景觀的設計。

霄裡浣衣池的所在地名原為 Hok-Lò 腔「山腳」，與客語腔調「山下」，意義相通。此地的福山宮裡，供奉著「樹山伯公」，廟旁仍然豎立著古碑文。伯公廟的崖腳旁原來擁有極為豐沛的湧泉水，名為「泉水空」，為清代拓墾先民所開鑿的灌溉泉水。近年來因崁頂的開發，以及山下街的大規模建案開發的緣故，水源一度斷絕，導致霄裡民眾群起與建商抗爭。之後雖然被恢復了水源，但是湧泉的水量，已經完全沒有辦法和水脈被斷絕前相比。福山宮前樹冠遮蔽的廣場旁直到霄裡國小圍牆邊的埤塘，被命名為「福山宮生態公園」。每天清晨 3、4 點左右，就有婦女拎著裡的衣物，絡繹不絕到池邊浣洗。池內加蓋了一塊取清泉水的地方，在地人相信霄裡的靈泉水，用來泡茶、飲用，有著白來水無法比擬的甘美。

落羽松森林，位於霄裡大池東側，佔地廣達三公頃，地上種植了三千棵落羽，因而號稱北台灣最大，同時也是最夯的 Cosplay 聖地之一。由於此一落羽松森林是私人所種植的林地，四周都有告示，因此切勿隨意走進林地，以免影響落羽松的生長。每年 12 月至 1 月間，這裡就是大家欣賞落羽松美景的聖地，尤其冬日的陽光灑落在林蔭間，足以譬美韓劇的景緻。2017 年桃園地景藝術節，鄭文燦前市長選定八德區竹霄社區做為副展場，並邀請了多位日本和臺灣的藝術家，創作

落羽松森林

桃園走讀小知識　落羽松

落羽松（Taxodium distichum），為杉科（Taxodiaceae）植物，是一種落葉的大型喬木，可長到 40 公尺高度，樹冠為圓錐形，樹根部常向四周隆起，形成板根。生長在溼地或水中，因此種落羽松的地方，容易形成沼澤。樹葉形狀為窄狹線狀，呈螺旋排列，形如鳥羽，為淡黃綠色。其樹葉形狀極似羽毛，在冬季寒冷期葉子會變成橙褐色，一片片落下時如飄零的羽毛而得名，因而成為世界上最知名的水岸造景樹種。日治時期引入臺灣之後，因為其優美典雅的樹形，頗為國人所喜愛，目前在全臺灣各地都有栽種。

了六件藝術品。在展覽結束之後，藝術品被原地保留，直到自然毀壞為止。由於此次藝術家們的創作理念，絕大多數都是「以自然的材料，讓藝術品在自然的環境裡，存在數年時間」，因此這六件藝術品在短短的幾年間，將會陸續地自然消逝，從而體現了與環境生態共存共榮的想法。當然，藝術家所創作的作品，雖然會隨著時光而消散；然而，在 2017 年的竹霄社區，留下的傳說與故事，會永遠藏在人們的心中。六件藝術品已經創造了六個傳奇的話題，包括「生態永續、人文風貌、文化史蹟、嬉戲流水、水花漂宕、初戀情懷」等六種在地情感的霄裡風華。

（五）三界伯公：玉元宮、霄裡十八伯公

玉元宮是八德區域最早建立的大廟，在乾隆初年漢人業戶到此地進行拓墾時，為了尋找水源，於是和霄裡社合作建造了紅圳，並在洪圳引水源頭建了一座草寮，奉祀三界爐。在乾隆十年後陸續在此地設立土牛溝，作為土牛紅線的

界址，以及滿清王朝在東方邊境的國界線。紅圳上的草寮廟建造點燈後，據本地傳說因為燈影狀如老虎般，向八座庄方向撲過去，導致漢墾區各個莊頭和霄裡社域內「雞不啼、狗不吠」，受讖緯傳言影響之下，於是有人放了火把草寮廟燒了。在火光炙炎中，上游源頭的龍潭陂搶走三界爺金身，中游霄裡社只搶到三界爺爐，之後分別由八座庄三元宮（今八德三元宮）、茄苳溪庄元聖宮（今茄苳元聖宮）、霄裡社三元宮（今霄裡玉元宮）、南興庄永昌宮（今南興永昌宮）輪值奉祀至今。另有一個在地傳說指出，三元宮、元聖宮、玉元宮和永昌宮輪祀的三界爺爐，原來是一個從唐山渡海而來的羅漢腳所帶來，因為得到四個角頭廟民眾的崇仰，香火鼎盛，遂形成近三百年來四廟輪祀的傳統文化。

　　中研院臺史所施添福教授按照乾隆二十六年（1761）開築的土牛、土牛溝（舊番界）與乾隆五十五年（1790）設立屯埔的新番界為準據，把竹塹區域分成三個人文地理區。土牛溝以西，為「漢墾戶拓墾區」（漢墾區）、土牛溝和新番界之間稱「平埔族保留區」（保留區），新番界以東，稱「隘墾戶拓墾區」（隘墾區）。現在這條土牛線幾乎已經消失殆盡，然而從施添福教授的研究可以確認，現在的霄裡區域就是土牛溝的界址所在，亦即分割「保留區」和「隘墾區」的重要界線。沿著這條界線的兩側，乾隆時期就是凱達格蘭族的保留區，與漢人拓墾區的交界區域，原來的族群關係頗為緊張，但是由於清政府實施「使生番在內，漢民在外，熟番間隔於其中」的高山政策，霄裡社的凱達格蘭族成為政策的受益者。而漢人進入桃園進行拓墾之時，恰逢此一政策制定的緣由，霄裡社凱達格蘭族成為「番頭家」，原來漢人拓墾時必須設置的戰神「三山國王」廟，在桃園境內不見蹤跡，遂被和

營盤古墓

平之神「三官大帝」廟所取代，因而形成一種極富特色的桃園信仰文化。

　　玉元宮建廟原名為三元宮，當時在虎茅庄（主要範圍是今日的八德區與龜山區，桃園區的大樹林也是虎茅庄的範圍，然而火車前站區域原庄名應為南崁庄、南崁頂庄）也建造了一座三元宮，二座廟宇的主祀神都是三官大帝，可見得在漢人拓墾時期，由於霄裡社的凱達格蘭族欠缺水利技術，因此曾經和漢人業戶共同協議，以「割地換水」方式，在霄裡社和虎茅庄各建立一座三元宮，並由水官大帝見證分水的協議。前段提及在洪圳上游建立草寮廟，奉祀三界爺一事，按其敘述的詳細內容，由於洪圳的水源來自於龍潭大池，因此可以證明當時此地應該發生過上下游的搶水爭端。乾隆三十八年（1773），因為歲荒欠收，為祈求平安、豐收，因而把設立在紅圳上方，負責守護霄裡大圳水源頭的三界爐，遷移到今日的玉元宮位置，正式建立大廟。

　　立廟百餘年後，大正四年（1915）時因清代建造的土墈（ㄑㄩㄝˋ）廟年久逐漸崩壞，而且在大正時期臺灣社會的經濟狀況開始富裕，從日本引進的煉瓦（TR 紅磚）也開始流行，成為取代清代土磚建築的新式建材，於是霄裡庄的仕紳們集資改建廟身。當時移入了泉州裔的李氏閩南人家族，並把主神增祀玉皇大帝，成為雙主祀神，改名玉元宮。廟宇規模宏大，三川殿和大殿仍然保留原廟樣貌。廟內設三界公爐，與八德三元宮、茄苳元聖宮、南興永昌宮共同輪祀。正月初九天公生是本廟最重要的祀典，同時也是竹霄區域最大的年度盛典，其次則

茄苳裡埤塘公園

桃園走讀小知識　　三界信仰

　　桃園市的漢人社會體系，在埤圳神祈的信仰崇拜上，無論閩、客都是以三官大帝、土地公、伯公為主。臺灣的漢人傳統信仰文化裡，奉祀三官大帝為主神的廟宇，以桃園市和新竹縣最多，尤其集中在客家文化區的傾向，頗為明確。閩南人俗稱三官大帝為「三界公」，客家人則稱「三界爺」。所謂的「三界」者，即天官、地官、水官，具有上元、中元、下元的意義。臺灣民間常以堯、舜、禹為天、地、水官，這是因為「堯定天時，以齊七政，故為天官；舜畫十二洲，以安百姓，故為地官；禹治洪水，以奠區民，故為水官」。天、地、水三官能替人們賜福、赦罪、解厄，也就是「天官賜福，地官赦罪，水官解厄」。

為七月十五日中元普渡，每年都有神豬比賽慶典，由竹霄分成六區進行比賽。正月十五元宵節的乞龜比賽、九月九日重陽敬老、十月十五日水官大帝歌仔戲表演，都是本區的傳統年度活動。

　　直到現在這些信仰仍然是臺灣社會運作的基礎。桃園市境內擁有全臺灣數量最多的三界廟，總數達到二十一座，其中十六座在客家文化的南桃園，三座在閩客交界線上，僅有二座位在閩南文化的北桃園。但是這些三界廟都是分布在桃園臺地的漢人聚落，與開漳聖王信仰能分布到阿姆坪區域相較，顯然三界信仰的區域性，比較明顯。客家人奉祀三界爺是在禾埕、天井的圍牆位置，嵌入三官大帝的牌位。閩南人的三界公信仰則習慣在正廳的天花板上吊天公爐。天公爐分三耳和四耳的，懸吊三耳天公爐是漳州人的習俗，四耳天公爐則是泉州人的風俗。因此，從三官大帝信仰也可以看出漳、泉、客族群在文化上的顯著差別。

祭典活動前一天或前兩天的八點，迎請十八尊伯公回玉元宮作客看戲，由廟裡出發往霄裡路至盧屋福泉宮、李屋福興宮、彭屋山德宮，沿著霄裡路至官路缺福壽宮，再往營盤彭屋安福宮、呂屋聯福宮、吳屋安豐宮，至長興路錦芳長興宮、中和福川宮，往新興路下吳屋龍福宮、張屋福源宮、王屋竹巷福德祠，往大火房鍾屋水源宮、鍾屋秀山宮，崁頂路福德祠、中壢士校永福宮、中正里福德祠，轉往霄裡水井福山宮，再回到玉元宮。祭典結束，隔日8點將十八尊伯公請回，祭典即完成。

每年農曆七月二十日中元普渡，舉辦「褒忠義民爺慶讚中元祭典」。活動內容有牲雞比賽，活動前一天先行「量雞」，當天則按等別頒獎狀及金牌等。祭典當天，廟前先舉行請神儀式，即請各庄頭十三尊伯公：浮筧、營盤安福宮、洪圳、橋頭、廟背福龍宮、王屋福德祠、竹巷福源宮、鍾屋秀山宮、樹山福山宮、霄裡廟、李屋福興宮、徐屋山德宮、大竹圍官路缺吳屋（東安國中小對面）到座，接著舉行「拜天公」，時間為早上十點到十二點，下午二點到四點拜伯公、普渡好兄弟，有擺八仙、布袋戲、作大戲等演出。

郁德祠位在大溪區仁善里社角區域相當偏僻的一處竹林旁，此地靠近霄裡社蕭家蘭陵堂聚落，附近還有一處記錄桃園歷史發展的重要史蹟──霄裡社蕭家二世祖阿生之墓。郁德祠週遭則散佈著蕭、羅、潘、張等四姓家族的三合院建築，其實可以說這一整夾在八德、大溪、平鎮區龍岡，三個已經都會化的城市中間的大片綠色林地與農地，除了是北桃園的菜農與花園之外，更是一個滿溢文化氛圍的地方。在「紫線番界」圖上可以清楚看到「霄裡汛」的標註和名稱。過了茄苳溪、紅圳和霄裡大池就是八德區的霄裡里。本地是過往漢人拓墾時和原住民族接觸頻繁的地域。移墾初期，不同的語言群和祖籍地的移墾者，時有衝突發生，因此耕地水資源的分配，必須由土地伯公和三界公協助見證，才能讓分配到屬於墾區的八座庄，和原住民族的霄裡社逐漸達成灌溉水資源的平衡和穩定。郁德祠，這一座霄裡區域最早的土地伯公廟，設置地點雖然靠近

霄裡社蕭家，但是所在地點的社角區域，卻在八座屋墾區庄和霄裡社的分隔界線上，因而格外具有重要的意義。

現在的郁德祠是一座由三面石牆與頂部一塊石板打造的一座小型土地伯公廟，高度約僅到成人男子的肩部，因此在插香之際，必須蹲下或彎腰才能插到香爐之內，供奉的石頭雕鑿伯公神像，以及這座祠廟，明顯並非原貌，而是最近數十年來設置的。原來的廟貌應該是三粒石頭的樸素造型的土地伯公，不過由於戰後至今臺灣的經濟發展快速，目前桃園市境內還能保有原來的三顆石頭伯公，實屬罕見。廟身橫刻祠名「郁德祠」，左聯刻上「正隆霄裡地」，右聯則有「神輔社中疆」，土地伯公的神像笑容可掬，就像是一位親切的老人家一般，數百年來保佑霄裡區域，年復一年，平安豐收。

墾區庄時期的漢人移民將土地伯公和傳統的大廟信仰帶入，從而建立了一個個的角頭廟，並形成了祭祀圈。本區域的四個角頭廟，奉祀各自的主神，如八德三元宮為三官大帝、霄裡玉元宮為玉皇上帝與三官大帝、茄苳元聖宮為三官大帝與開漳聖王、南興永昌宮為神農大帝。在以農為本的傳統宗教文化之中，地方角頭廟奉祀的神祇和土地伯公，都是掌握一切農作物生長化育的主宰，為了祈求五穀豐登、六畜興旺，隨處可以安設的田頭田尾、埤頭陂尾、水頭圳尾的石頭土地伯公，自然會轉化成為在基層社會組織，舉足輕重的守護神。霄裡區域守護漢人移民的十八伯公和社角區域守護凱達格蘭族的郁德祠，在混雜著來自各地各種不同腔調的族群，霄裡社蕭家、客家、Hok-Lò 族裔在這塊土地上共同奉祀了三官大帝，也各自設立了屬於自己的土地伯公。霄裡是桃園臺地上值得深入探索的族群和文化的寶地，也值得大家細細品味。

走讀桃園指南

照片（元智大學提供）：

圖1 霄裡區域布滿稻田與埤塘的景觀，在此地騎自行車，藍色的天空，綠色的稻田，在不同季節有著不一樣的景觀，令人心曠神怡。

圖2 元智大學 USR 學生組成的 Egret 志工隊伍，為永豐高中的學生解說鴻撫宮的信仰、歷史與文化景觀。

圖3 在桃園市政府的支持下，竹霄區域曾辦理由社區民眾共同參與的竹霄豐收節。每一戶竹園里和霄裡里的人家，都做出了拿手的菜餚，由元智大學 USR 計畫動員 200 多名學生，為竹霄區域民眾端菜上桌，表演藝文節目，是竹霄區域由大學參與辦理過，最大的活動。

圖4 霄裡國小是一座綠意盎然、美麗的學校，由於位在農村，但也是弱勢學生超過五成的小學。百年前此地是台灣史上第一個淡水養殖試驗場。為了讓學生深入瞭解認識自己的土地，也為了能培養小學生講自己學校和土地的故事，在認真努力的古艷麗校長支持下，元智大學 USR 計畫培養的 Egret 志工學生，年年辦理在地文化的培訓營，希望能將在地文化的香火永續傳承下去。

圖5 滿布小學生塗鴉的圍牆，別有一番景緻。

圖5 滿布小學生塗鴉的圍牆，別有一番景緻。

圖6 吳屋至德堂，是霄裡區域七座客祖堂之中最美麗的一座。

圖7 霄裡區域過往滿滿金黃稻田的景觀正在出現變化，由一座座溫室蔬菜種植的蓬帳所取代。從日本時代開始，霄裡區域就一直是供應大臺北區域蔬菜的重要產地，只是現在已經逐漸轉型為供應百貨超市蔬菜市場的產地。

圖8 桃園地景藝術節辦理時，桃園市的姐妹城市日本香川縣文化局的局長等，組成團隊參觀。香川縣每三年辦一次頗具國際知名度的瀨戶內地景藝術節，桃園市政府和香川縣政府相互交流學習的經驗，也曾經引入竹霄區域。

117

茄苳埤塘令人驚艷的晚霞景觀。

戀戀楊梅史

文／王婉榆（桃園市學藝員策進會理事長）

前言

　　楊梅是我的家鄉，有此機會介紹家鄉，是對家鄉文化歷史的推廣傳承，亦是自我對族群血脈來源的一種爬梳，感謝中央大學歷史研究所前所長蔣竹山教授的邀稿，也讓我對家鄉有了更深刻的了解與感悟。

　　楊梅區位屬南桃園區域，境內以客家族群為主要族群，約占全區人口數七成左右。楊梅區行政區域可分為楊梅、埔心、富岡、高山頂四區域，境內有幼獅工業區、楊梅工業區、秀才科技園區，民富工業區及多所大型觀光工廠，如郭元益糕餅博物館、雅聞魅力博覽館等。依據桃園區楊梅戶政事務所（2020）的資料顯示，人口約175142萬餘人，有逐年增加的趨勢。

　　楊梅區輪廓略成長方形如右圖，東西距大於南北距，境內南北地貌不同，北半是向北緩斜的台地，台地的邊緣成陡崖，頂上平坦，南北是個長形盆地。楊梅市昔稱「楊梅壢」，此區早期是遍植楊梅樹的谷地，人煙稀少，為原住民霄裡社的狩獵地。清乾隆46年（1781）楊梅壢挖土牛溝，並在水美的隘口寮

楊梅位置圖。（圖片來源：維基百科）

設隘丁防守，這時官方開放移民攜眷移入（《話我家鄉楊梅鎮》，2000），始有大量漢人移入墾殖。清乾隆50年（1785）當時廣東省嘉應州人，組成「諸協和」拓墾團，從社子溪海口上岸溯溪墾殖，至此時楊梅始成為大部分漢人聚落。至今，楊梅地區客家人仍高達高達70％，傳承著客家三官大帝的信仰，其中說著四縣客家話的客家人約佔90％（《新修桃園縣志》，2017）。

　　楊梅區全區總面積為 89.1229 平方公里，行政區域所轄 41 里。楊梅於 2010 年 8 月 1 日改制為「縣轄市」，並於民國 2014 年 12 月 25 日升格為「楊梅區」。楊梅地區自清朝劉銘傳時代即舖設有鐵道，楊梅的開發與縱貫鐵路的建設息息相關。縱貫鐵路直接貫穿楊梅轄區內的主軸線，因此早期的楊梅轄區

蔣竹山教授、王婉榆前館長、彭啟原導演合照。（照片來源：蔣竹山提供）

內就有埔心（安平鎮）、楊梅、富岡三個火車站，同時此三個火車站亦自然成
其當地人口聚集及城區發展的中心。

　　其中楊梅火車站設置在楊梅的行政中心（即今所謂的城區蛋黃區），是當
時楊梅政經文教的中心，早期即為楊梅歷年的行政機關所在地，內有各級文教
單位，亦為早期南桃園交通樞紐。但後期楊梅地區的重要性因時代的演進及社
會政經情勢的改變，造成當地發展一直停滯、無發展，但也因此才讓楊梅地區
保留了許多舊日客籍及日治時期的文化資產。

「楊梅壢」之前世今生

（一）楊梅的發展歷史

清康熙 36 年（1697）郁永河由竹塹（今新竹市）北上進入臺北盆地時，因為山區尚未開發無法通過，只能沿著沿海行到南崁，並描述「沿途八、九，十里不見一屋一人」（郁與方，1984）。顯然當時楊梅並未開發，所以楊梅地區的開發相對是較晚。

其中 1761 年竹塹地區作為漢番界限之土牛溝，目前在楊梅地區仍有兩段，其中「土牛溝楊梅段」深藏於住宅區旁的樹林中，鄰近永平工商楊梅故事園區外部。顯示目前埔心地區鐵道以西，大致上仍為蕃界。當時「諸協和」拓墾團，從社子溪海口上岸溯溪墾殖，楊梅成為大部分漢人聚集落腳的聚落，在地的原住民則被迫遷徙到南邊月眉溪谷區，土牛溝的另一段則在南邊月眉溪谷區（《新修桃園縣志》，2017）。

伯公山周圍是楊梅最早成立的市街區，被當地人稱為老街，楊梅歷史最悠久的錫福宮便位於老街上。自古以來，楊梅一直都是北臺灣的交通要衝，鐵公路交通均十分便利，楊梅區目前便有楊梅、埔心、富岡、新富共四個火車站。其中，楊梅火車站舊址的最早位置是現今大華街的衛生所，衛生所前面的高階梯其實就是當時的月台。

1929 年鐵路改道，並鋪設複線，於是便將楊梅車站往北遷移到現在的位置。目前楊梅全區面積 89.12 平方公里，居住聚落主要集中在埔心、楊梅、富岡、高山頂四大區域。由於境內有幼獅工業區、楊梅工業區、秀才科技園區，民富工業區的四大工業區，故外來移入的人口與日漸增。境內客家人為主要的族群，約占全區人口數七成左右。

（二）埔心的發展歷史

埔心早期是楊梅區內的一個農業為主、自給自足的客家庄，埔心能永續繁榮地發展，主要是在埔心此庄內兩個大外來的單位，即日治時期在此設立的安平鎮茶業試驗場，及 1949 年之後設立的眷村群。這二個單位的設立，為埔心帶來了大量的移入及消費人口及就業機會，也提昇了埔心的文化水準，如早期小小區域的埔心即有二座電影院，及消費力強大的市場，並吸引了許多外地的菜販自外地特地坐火車到埔心市場賣菜。

埔心在日治時期，臺灣茶葉株式會社最早即在此設立製茶廠，1903 年，日本臺灣總督府在安平鎮火車站（即埔心火車站）旁設置草湳坡機械化製茶

楊梅故事園區外部。（照片來源：蔣竹山提供）

試驗廠，隨後改為安平鎮茶業試驗場，並設置廠房與員工宿舍。由於安平鎮茶業試驗場直屬總督府殖產局，因此安平鎮茶業試驗場亦是楊梅地區行政層級最高的機關，同時場長也是楊梅區內層級最高行政官員。此「茶業改良場舊宿舍」內的三戶舊日式建築，亦於 2020 年重新整建完成將做為舊空間活化的地方文化館，稱為「埔心故事館」，以作為保存地方文化藝術的基地。

安平鎮茶業試驗場因場地關係，後遷至離埔心火車站 1.5 公里處的矮坪子現址，在火車站附近僅保留員工宿舍，埔心地區因此也成為臺灣茶葉的重心。

楊梅故事園區內部。（照片來源：蔣竹山提供）

1900 年該庄北側，今自來水廠附近（原安平鎮庄內），新設了「安平鎮招呼站」，其後因往南之鐵道為上坡，在原安平鎮招呼站停靠後，停車再開上坡不易，因此 1902 ～ 1908 年間南移改設於現址。

當時本區域內尚無「草湳坡」之地名，同時在楊梅北上路段亦尚未設火車招呼站，但在目前埔心火車站東北側，有一地名為「安平陳」，約略為今自來水場（位於平鎮區）的位置，即可能是當時設招呼站的所在地。

改設的「安平鎮招呼站」北側（今車站後站區域），有一大型埤塘稱作草湳坡（陂），成為後來臺灣堡圖及正式行政單位「草湳坡庄」，亦即本為埤塘的「陂」，因地名與行政單位的關係而改為「坡」。當時草湳坡庄大致涵蓋今

彭啟原導演解說園區展覽內照片。

（照片來源：蔣竹山提供）

園區大樹講堂海報。

（照片來源：蔣竹山提供）

楊梅瑞塘、埔心、永平、仁美、光華、金龍及四維里。

1897年，在草湳坡庄，即鐵路「安平陳」向西南，經過幾乎垂直的道路（今南平路）向西南方，很少有房舍，土地多作為茶園使用。事實上，1895年臺灣割讓給日本後，於6月28日發生安平鎮（平鎮八角塘到埔心虎頭岡一帶）抗日戰役，日軍擊退義勇軍後，在草湳坡建軍營駐軍及設刑場（現為治平中學校址），以威嚇、鎮壓當地居民。軍營後由國軍接收駐防部隊，再改建為三龍新村。由於居民認這是一塊為不祥之地，很少在附近活動與居住。

「日本臺灣茶株式會社平鎮茶葉工場」以及茶業改良場前身「茶業試驗支所」，也因為設置茶業試驗場，因此招呼站改為安平鎮驛（正式火車站）。據

在地耆老的說法，安平鎮驛因為有時平鎮茶業試驗支所所長必須搭火車，因此
成為最高等火車之停靠站，比楊梅火車站等級高，之後火車站改為「平鎮火車
站」，但因設置於埔心里，因此於民國 44 年改稱為「埔心火車站」（埔心同
時取代草湳坡，成為當地數個里之總稱）。1903 年製茶試驗場設立後，附近
地區漸次發展，在火車站與平鎮茶工場間，已形成一個市集。因此，可說製茶
試驗場的出現，是埔心城鎮發展中最重要的一段歷史。

《臺灣日日新報》曾有一則以「滄桑一變」為題對安平鎮的報導：

> 自清時其地遼寂。明治三十三年土地遼闊。產米頗優。茶樹不少。而
> 村莊所有貿易。咸仰給於中壢楊梅壢焉。輪站雖設。而風氣未開。…迨明
> 治三十五年十二月創築製茶試驗場。…三十七年該場職工頗多。而小肆生
> 理暢達。貨物漸充。風氣漸活。三十八年新築店屋數椽。貿易時盛。…至
> 今改築新建。咇連直接，煥然　市。商賈雲集。貿易漸盛。…。

1910 年製茶試驗場南遷，原有基地轉給日本臺灣茶株式會社作為工場使
用，為本地帶來了更多就業人口。1911 年「安咸輕便軌道組合」設立，人力
台車由關西（咸菜寮）經龍潭，經平鎮製茶工場，達埔心平鎮車站，連接縱貫
鐵路，以茶葉運輸為其主要運量。西元 1912 年，經由人力輕便鐵道運輸的茶
葉佔茶葉總生產量為 18.36%，到了 1921 年，快速成長到 56.25%，而由埔心
轉運的茶葉量在 1917 年佔全臺鐵路茶葉運量的 31.12%，埔心火車站（平鎮驛）
成了全臺灣最主要的茶葉發送車站。車站附近有多間茶葉加工廠，以及服務商
旅的旅店。工場旁亦鋪設了由平鎮火車站至關西之簡易鐵道（極可能是今日埔
心中興路之一部分），作為原物料與產品之運輸動線。安平鎮火車站成為當時
南桃園到新竹間茶葉利用縱貫線運輸之重要樞紐。安平鎮車站（今埔心車站）
周邊也自然形成為一個人口聚集的小型城鎮，以及「安咸輕便軌道」，後來此

鐵道拆除後，土地可能是目前中興路之一部分。

　　戰後，平鎮茶業試驗支所先歸鑿於農林公司，製茶試驗場在火車站附近之建築物與其土地，因為是茶改場高階主管之宿舍，故劃歸茶業改良場所有；日本臺灣茶株式會社之土地與建物，仍劃歸臺灣農林公司，因此而能維持大致相同使用目的至今。

　　1953 年起，本地人口因設置眷村而大幅成長。1954 ～ 1965 年間，政府在楊梅埔心地區依序陸續改建或新建設置了 8 個眷村，包含四維新村（1954 年 228 戶）、光華二村（1954 年 56 戶）、三龍新村（1956 年 144 戶）、敬軍新村（1957 年 40 戶）、金門新村（1958 年 251 戶）、成功新村（1959 年 297 戶）、五守新村（1964 年 156 戶）、北功新村（1965 年 29 戶）。前後約有 1 萬位村民，曾經居住在這 1,200 戶眷宅中。因此埔心在導入了臺灣特有眷村文化的同時，也使埔心成為楊梅地區人口最集中的區域（江靜，2020）。此外，因為人口增加，加上鄰近中壢、平鎮、龍潭與新屋，以及幼獅工業區與味全埔心牧場等的設置，使埔心成為楊梅區內的重要性，不遜於楊梅。

（三）高榮的發展歷史

　　高榮又名「高山頂」，位於桃園市楊梅區的東北部，其地形屬單面山的台地，也正因為本台地的東、南、西三面都是陡崖，僅向北緩斜且高度下降之傾面，因此依其地貌命名為「高山頂」。其範圍以今日行政區來劃界，大致就是高山里、青山里、高上里、高榮里、新榮里、雙榮里一帶。

　　此庄頭主要經歷了四次的改制，分別是在明治 34 年（1901）11 月，全台廢縣廳改設二十廳，該庄隸屬於桃仔園廳。明治 36 年（1903），改名桃園廳。明治 42 年（1909）10 月，合併二十廳為十二廳，該庄隸屬不變。大正九年（1920），年該庄改制並改名為「高山頂」，隸屬於新竹州中壢郡楊梅街，再於戰後將楊梅街改制為楊梅針鎮，改隸屬新竹縣。

　　1950 年桃竹苗分治，此區又改隸於桃園鎮，2010 年時楊梅鎮因人口達 15 萬而改制為楊梅市，直到 2014 年桃園縣升格直轄市，楊梅市又改為楊梅區，至此「高山頂」的行政區域包括了高山里、青山里、高上里、高榮里、新榮里、雙榮里。

　　在日治時代，此區由當時的日本的株式會社管理範圍差不多有六、七十公頃（現在的味全牧場與幼獅工業，兩邊加起來），滿山遍野全部都是種甘蔗。所使用的運輸工具，是一種兩輪的牛車。輪子的輪框是用木頭製的，輪子的外圈，則用鐵皮包覆，讓它更耐磨。依據當地耆老說，這些甘蔗是「印度蔗」，採收後用牛車載運，從現在埔心的中興路，經由龍潭八張犁，運到大溪糖廠去製糖。

　　早期高榮當地的村民們要耕作，但是此區地勢較高且沒有水，所以先人們就挖埤塘來灌溉，那時耕作的面積有限，只能在靠近埤塘的地方種植水稻，這些田也就是所謂的「看天田」。一直等到 1956 年陳誠副總統親自開挖石門水庫，利用石門大圳引水到高山頂來之後，耕作面積才擴大，當地人民的生活也才慢慢好轉。

　　當地的宗教信仰中心為啟明宮。啟明宮位於高山頂的高榮里內，這區域也是高山頂台地的最高點。啟明宮的廟址在尚未建廟時僅是作為謝神演戲、搭建戲台之處所，所以也就被稱為「戲棚跡」，此地點從清末到日治後期時皆為此區域的中心，並以此為界將高山頂分為東西南北四區，啟明宮致今仍是高山頂這四區域的信仰中心。

　　此地早年附近的土地在戰後初期租給農林公司造林，後來則轉為味全公司經營埔心牧場，加上政府於 1969 年開始在埔心牧場對面開始設立幼獅工業區，高速公路及交流道也興建於此區域，因此當地的人口也因而增加了許多。

　　高山頂的土地原本很貧瘠，後來因為有工業區，所以道路也被修築成寬闊的道路，在廟的四周漸漸有了許多的商店，有了一些商業的發展。

（四）富岡的發展歷史

富岡地區位於楊梅鎮的西部，屬長岡嶺台地。在日治時期依當時人們的習慣，以當地的鐵路車站名「伯公岡車站」而命名為伯公岡台地，以社子溪谷與東邊的平鎮台地（高山頂台地）共同為楊梅盆地的北邊盆舷。此外，在早期富岡、高山頂及店子湖是桃園地區多坡塘的地區，其中富岡地區五個里即有近250口池，佔了全楊梅鎮坡塘數的三分之一。因此，富岡地區除了農業灌溉水源之涵養調節無虞外，當地亦因坡塘多造就了其地理上的特殊人文景觀。

富岡是桃園市楊梅區的老城鎮，現今仍是處充滿客家風味的客家村。在富岡街上，有當地人記憶中60年傳承客家菜、客家炒大腸的小吃店，還有排隊都要買到的手工包子等等的飲食記憶，以及大井頭福德祠伯公廟口美食和生活用品街的共同生活圈。

富岡有著很特殊的生活氣息。這裡有著客家古樸生活足跡，但又有現代方便生活機能，如85℃飲料店及走一段路就有便利商店的小鎮，又因配合高鐵延伸至南港的需要，臺北機廠遷移至楊梅富岡，並更名為「臺鐵富岡車輛基地」，又因應富岡車輛基地啟用，湖口、富岡車站間增設了「北湖車站」，平日上行五十九班，下行六十班，假日上下行都有五十六班，讓富岡也成了在地學生或上班族通勤區的選擇之一（楊梅區公所，2018）。

● 茶業改良場

茶業改良場前身為「安平鎮製茶試驗場」，係依總督府訓令第107號公佈「臺灣總督府民政部殖產局附屬製茶試驗場規程」，於明治36年（1903）5月，創設於桃園廳竹北二堡草湳陂庄，負責掌管製茶及茶樹栽培試驗業務，推動臺灣新式的半機械製茶技術，從事烏龍茶、包種茶的大量製造，並以取代舊式手工製茶的作為與示範為使命；同時開發紅茶製造技術，以開拓臺茶國際新市場。

試驗場為了配合總督府扶植日人紅茶公司政策，於 1910 年遷移至現址重新建築新廠舍，原址則無償提供給「日本臺灣茶株式會社」作為安平鎮工場使用。而試驗場則於翌年（1911）更為「安平鎮茶樹栽培試驗場」。

大正十年（1921），隨著臺灣總督府組織調整，改隸中央研究所農業部，稱為「中央研究所平鎮茶葉試驗支所」。昭和 14 年（1939）4 月，臺灣總督府中央研究所官制廢止，敕令第 275 號「臺灣總督府農業試驗所官制」公佈，改稱「農業試驗所平鎮茶葉試驗支所」。

1945 年，平鎮茶業試驗支所先歸隸於農林公司，隨後因農林公司開放民營，改隸農業試驗所，稱為平鎮茶業試驗分所。1968 年，整合農林廳所屬茶業傳習所（1930 年 1 月 21 日設置）與農試所魚池茶業試驗分所（1936 年 1 月 22 日設置），改組為臺灣省政府農林廳「茶業改良場」（簡稱臺灣省茶業改良場），原有茶葉傳習所改為林口分場（1984 年 4 月 27 日改為文山分場），魚池分所改為魚池分場，並先後增設臺東分場（1981 年 2 月 10 日設置）及凍頂工作站（1981 年設置）。1999 年改隸中央政府稱作「行政院農業委員會茶業改良場」。目前茶改場轄下設有茶作技術課、製茶技術課、茶葉機械課、產業服務課、魚池分場、文山分場、臺東分場、凍頂工作站等八個業務單位及行政室、人事機構、主計機構三個行政單位，為臺灣唯一的茶業輔導專業機構。

茶業改良場所在地（即目前的埔心地區）在日治時期設置時，並未形成市街。設置製茶試驗場後，提供大量就業機會，因此逐漸成為楊梅與中壢間重要的市集。換句話說，埔心地區因安平鎮茶業試驗場設置後，才逐漸成為人口集中之社區。同時，因應高階機關之設置，當地亦引入相對應單位之設置，例如交通、郵政、教育、警政（目前埔心地區之派出所仍稱為草湳坡派出所）等。

楊梅壢時光隧道遶山花之遊

（一）楊梅壢巡古行 1 日遊：踏查尋古、楊梅街區美食巡禮

行程內容 A

楊梅火車站集合→體驗老坑溪→踏查三七古圳源→土牛溝遺跡→鄭
大模公祠→伯公山公園→錫福宮→回程

行程內容 B

楊梅火車站集合→楊梅街區建築牌樓巡禮→楊梅街上客家老店尋寶
→回善寺→楊梅故事園區→貴山公園→錫福宮→回賦

（二）楊梅市區街區篇暨客家美食遶遶啊

行程內容

楊梅火車站集合→楊梅街區建築牌樓巡禮→楊梅街上客家老店尋寶
→楊梅故事園區→貴山公園看楊梅→雅聞雅聞魅力博覽館→回賦

（三）埔心市區逛逛啊

行程內容

埔心火車站集合→埔心市場尋寶→埔心故事館、眷村故事館巡禮→
東武劍道館→茶業改良場→福德伯公廟→回賦

（四）富岡小區遶山花

行程內容

富岡火車站集合→呂家聲洋樓→大井頭福德祠→信義街巡禮→客家
美食尋寶→集義祠→妙靈宮伯公廟→火車站旁老房觀想→回賦

楊梅瑞梅國小旁的石門大圳。（照片來源：蔣竹山提供）

楊梅地區重要事件歷史上的關連

　　桃園市政府在北楊梅修建並活化了轄內二座地方文化館，分別為「埔心故事館」及「楊梅故事園區」，這二座地方文化館很巧合的似乎也有著相應的關連。

　　「楊梅故事園區」是紀念楊梅中學創校張芳杰校長，自力建校對客家教育

傳承典範的紀念。1947 年二二八事件發生，中壢區署有外省人遭毆打，當時中壢區長藍飛鳳下令撤查，張校長當時任中壢國小校長遭牽連，於 4 月 23 日下午於自宅無故遭國府軍以「妨害秩序」罪名逮捕，羈押並遭刑求。

　　同年張校長回鄉後，即受家鄉父老請託，負責籌畫楊梅中學。張校長發動地方捐獻，終於克服萬難成功於 1949 年創建新竹縣楊梅中學（即今桃園市立楊梅國中），並擔任第一任校長，與楊梅鄉親共同開始了 10 年自立建校的生涯。並於 1955 ～ 1972 年間陸續創辦南桃園六鄉鎮市的新坡、新屋、新明、啟明、龍潭、平鎮、仁美、富岡等 8 所初中（後來除啟民初中改為省立楊梅高中外，餘改制為國中），先後獨立設校成為楊梅中學的分部，分部的主任和教師，也都是由張校長親自聘任，當時桃園縣 30 多所國中，幾乎三分之一，是張校長奔走創立的。

　　這段重要歷史事件，也是南桃園地區能順利推動政府九年國教相當重要的因素與助力。這客家教育傳承典範的重要代表事蹟，也是為何要將張芳杰校長宿舍做為楊梅故事園區（楊梅區校前路 49 號）的原因（《新修桃園縣志・人物志》，2010 年）。

　　「埔心故事館」是做為對埔心在地客家文化及臺灣茶產業發展傳承記憶的紀念。日治時期的明治 36 年（1903），臺灣總督府在現今的楊梅埔心的地方創立了茶業改良場，其創立之初原名「殖產局安平鎮製茶試驗場」，負責掌管全臺製茶及茶樹栽培之試驗業務。

　　茶改場當年的創立對臺灣茶業的發展及輔導，造就了臺灣茶葉外銷的奇蹟，與埔心地方的發展。如今楊梅埔心茶業改良場眷屬宿舍也修建為楊梅區埔心故事館，亦將成為第一棟公家性質的茶故事館。

　　在楊梅這個客家庄裡，在日治與民國時代裡，同樣在「36 年」皆創造了對後世、對產業、對國家發展不可取代的重要性，也代表了楊梅地區在臺灣歷史上不可或缺的地位。

延伸閱讀

江靜，《楊梅埔心眷村 (1)》（未出版）。

余文儀，《纂續修臺灣府志。臺灣方志集成清代篇》第 1 輯（博愛，1995）。

郁永河著、方豪校，《裨海紀遊》（臺灣省文獻委員會，1984）。

陳培桂，〈淡水廳志〉，《臺灣史料集成》，《臺灣方志集成清代篇第 1 輯，
　　　第 15 冊（博愛，1995）。

黃厚源總編，《話我家鄉楊梅鎮——富岡篇》（桃園縣：桃園縣人與人與地鄉
　　　土文化研究學會，2000 年）。

〈新修桃園縣志人物志〉，《人物志目錄》（桃園：桃園市政府，2017），頁
　　　317-319。

〈新修桃園縣志開闢志〉，《開闢志目錄》（桃園：桃園市政府，2017），頁
　　　319-326。

楊梅區公所，《楊梅采風》2018，瀏覽日期：2021.2.23。https://www.yangmei.
　　　tycg.gov.tw/home.jsp?id=10&parentpath=0

維基百科「高山頂」，瀏覽日期：2021.2.23。https://zh.wikipedia.org/wiki/%E
　　　9%AB%98%E5%B1%B1%E9%A0%82

劉良璧，〈重修福建臺灣府志〉，《臺灣文獻叢刊》第 74 期（臺灣銀行經濟
　　　究室，1961）。

蔡培慧、陳怡慧、陸傳傑，《圖說台灣地名故事》（新北：遠足文化，
　　　2013），頁 42。

跟著曾茂公巡守三七圳：
走讀桃園新屋

文、圖／謝名恒（國立陽明交通大學客家文化學院博士生）

三七圳、八本簿

　　三七圳的興修始於清乾隆八年（1743），曾昆茂依循社子溪流域開鑿出北圳、南圳，劃分溪南和溪北，溪南田業得水七分，溪北田業得水三分，故名「三七圳」，全長 27 公里，灌溉面積約千甲。特別的是桃園境內平安戲祭祀活動，只有三七圳八本簿有祀奉祭拜開圳者曾茂公的例子，顯示這個祭典與水利的關係密切。這個祭典自清代以來展演至今，成為當地人民生活的一部分，一方面顯示水利灌溉對此區人民的重要意義，也說明地方居民早期因水利灌溉而發生的互動過程。[1]

　　八本簿全名為「溪南溪北八本簿平安戲」，係每年農曆八月於桃園新屋社子溪的輪祀組織與祭祀儀式，供奉三界爺、媽祖、伯公與曾茂公，且以香爐、

1　本文部分改寫自筆者執行 108 年桃園市政府客家事務局「三七圳、八本簿調查研究」，承蒙羅烈師、姜義溎兩位老師提供寶貴意見與重要史料，在此致上最高謝意，但一切文責仍由筆者自負。

棹片、棹幃、大旗、神轎、銅燭臺等物品形成信仰中心，並以社子溪為界分為溪北五區、溪南三區共八大區，每區皆有記載丁口錢的收支簿，因此又稱「八本簿」，是目前桃園最大範圍的「無廟輪祀信仰」。

由清代開鑿的三七圳，歷經日治時期的公法人化，更因桃園大圳、石門水庫所帶來的水利設施劇變衝擊，使得原先作為灌溉水田的功能逐漸式微，經本文實地走訪圳路且訪談農田水利會後得知，三七南圳目前只用於區域排水之用。然而早期三七圳不單只是水利設施，同時承載了八本簿所劃定的輪值群體，並且建構地域社會與「三官信仰」交互連帶的複雜關係。

因此本文首先帶領讀者認識文獻與地圖中的三七圳，其次透過水圳沿線的文化景觀進一步理解水利設施與地方社會的交互關係，接著說明開圳者曾茂公的傳說故事與史料記載，最後論及本次走讀路線中的議題討論及延伸閱讀。

文獻與地圖中的三七圳

日治時期所編的《桃園廳志》將三七圳的灌溉範圍、關係業主與水租做了相關紀錄：

> 自竹北二堡七分仔庄引頭亭溪水，經過水尾庄（今楊梅區水美里）、上陰影窩庄（今楊梅區瑞原里）、員本庄（今楊梅區員本里）、上楝梆庄（新屋區楝梆里）、笨仔港庄（今新屋區笨港里）等。灌溉田約兩百八十四甲餘（約 275 公頃），延長 8.43 間，寬平均四尺。乾隆年間開闢，同治二年訂有規約，關係業主三十一人，明治三十四年成為公共埤圳，選舉管理者二人，需要修護時，費用由關係業主負擔。水租方面，分水一寸收取銀二圓，計收有銀三百二十二圓。

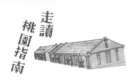

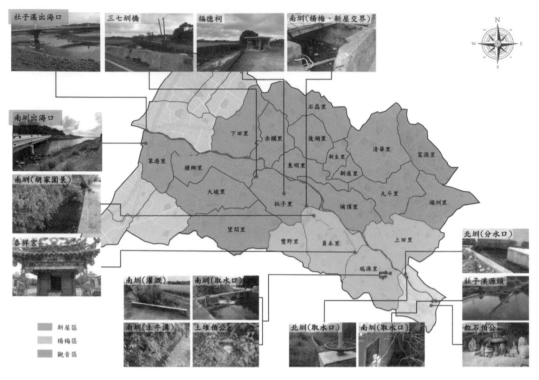

三七圳流域與八本簿信仰相對位置圖。

臺灣歷史文獻叢刊《新竹縣采訪冊》（陳朝龍等 1962：160）中，內文提到：

　　三七圳：在縣北三十八里。於大溪溽南岸壘石截流西南行，溉溪南陂頭面、老厝、大竹圍、社子頂、下楝梛子、笨子港等庄田七百甲餘；水仍由大溪西行，沿溪飲水溉溪北隘口寮、營盤下、紅瓦厝、甲頭厝、赤牛椆、下庄子、嵌頭厝等庄田三百甲。總計溪南田業得水水分，溪北田業得水三分，故名三七圳。圳頭至水尾，計長二十七里。溪南七分之水，由笨子港溪北行入於海；溪北三分之水，由嵌頭厝溪南行入於海。乾隆八年，曾昆茂開濬，每年不收水租。

表一 ▶ 三七（南北）圳灌溉面積對照表。　　　　　　（資料來源：作者繪製）

文獻記載	換算說明	資料出處
灌溉田約兩百八十四甲餘	約 275 公頃	《桃園廳志》，頁 167-168。
七百甲餘＋庄田三百甲＝一千甲	約 770 公頃	《新竹縣采訪冊》，頁 160。

　　其中根據本文實地走訪與深度訪談後得知，三七（南北）圳現今的功能只有作為區域排水，原先的灌溉功用已被桃園大圳取代，顯然功能性已逐漸降低，加上石門水庫的建設，早已緩解桃園台地上農耕用水不足的困境，因此某種程度來說，當代的三七圳已不具有傳統農業社會中，開鑿水圳和掌握水權的社會地位。目前三七圳的流域與管轄權責分為四個單位，北圳由石門農田水利會楊梅工作站負責，南圳前段由石門農田水利會富岡工作站負責，南圳中段由桃園農田水利會湖口工作站負責，南圳後段則由桃園農田水利會大坡工作站負責。

表二 ▶ 三-七圳位置與負責管轄單位表。　　　　　　（資料來源：作者繪製）

區段	起點與終點位置	負責管理單位
北圳	白鶴段 20 地號—田心段 177 地號	石門農田水利會 楊梅工作站
南圳前段	梅高段 2142 地號—民有段 266 地號	石門農田水利會 富岡工作站
南圳中段	員本段 294 地號—社子段 248 地號	桃園農田水利會 湖口工作站
南圳後段	社子段 1300 地號—笨子港段 555-4 地號	桃園農田水利會 大坡工作站

　　本次走讀路線針對三七南圳及其周邊資源特色為主，由於三七北圳僅保

存一小部分，其後匯入桃園大圳之中，於是文後將三七南圳通稱為三七圳。

三七圳走勢由東向西出海，略呈東南往西北向，穿越楊梅區與新屋區境內重要交通要道臺31線、臺15線與西濱61號快速道路，及楊梅區的楊新路（桃115）、員本路與民有路，新屋區的中興路（桃100）、東福路（桃104）與保安路（桃91）等。至永安漁港南側出海口更與新屋綠色走廊垂直交叉，與永安漁港更僅有約750公尺之距離，南圳出海口往北有永安漁港觀光魚市、永安漁港濱海遊憩區，往南沿著新屋綠色走廊，則有新屋百年石滬群等重要濱海遊憩資源。

三七圳具有水圳興築歷史與在地文化意涵，水圳蜿蜒流經楊梅、新屋兩區，沿線途經之處多為客家農村，流域寬廣灌溉無數水稻田。其中潺潺流水穿

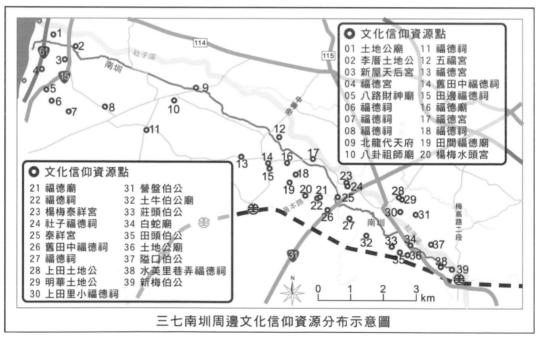

三七圳周邊文化信仰資源分布示意圖。

梭及隱身於水稻田間，順著南圳由東向西走，周邊佈滿大大小小的廟宇，主要是以祭祀農田與水圳的「伯公信仰」居多，從空間分布來看，沿著南圳周圍 2 至 3 公里範圍內，分布著三十幾座伯公廟，形塑出具有濃厚客庄風情的文化信仰氛圍。

● 走讀路線

　　本文進而利用三七圳周邊具有代表性的文化景觀作為介紹，選取其中五個實體空間，將八本簿信仰與三七圳拓墾藉由傳說故事以及農村生活進行串連。

三七圳走讀路線圖。

走讀活動的時間則建議搭配八本簿每年還福祭典的時間（每年農曆八月第一個週末），讓民眾可以參與祭典活動認識八本簿信仰。其中走讀活動的主要特色在於：三七圳的開鑿傳說、八本簿的輪值信仰、丁口錢的在地故事、新丁粄的手作體驗與早期農村的生活。可以開車或騎腳踏車前往，全長約 15 公里。根據三七圳水流方向，由東至西共選出五條走讀路線，以下依序介紹：（一）取水口、（二）泰祥宮、（三）胡家五福宮、（四）三七圳橋、（五）南圳出海口。

（一）三七南圳取水口與新梅伯公

　　三七南圳取水口於社子溪與新梅五街及五街 20 巷交叉路口，圳溝旁刻有〈三七南圳沿革〉一文，取水口旁往上走約 50 公尺則有座新梅伯公，保有過去以石頭作為祭祀信仰的伯公樣貌。此地距離楊梅火車站約 700 公尺，步行距離約 10 分鐘，旁邊是新梅五街及三街間的住宅區，對三七水圳文化之認識與

三七圳南圳取水口。

新梅伯公。

介紹是非常適切的點位。（三七南圳取水門：經度 121.1446，緯度 24.9185；新梅伯公：經度 121.1438，緯度 24.9181）。

（二）泰祥宮

泰祥宮位於楊梅區員本路 684 巷口對面，三七南圳流經廟宇廣場前緣，對岸設有一座平安戲臺，兩處透過石橋連接，泰祥宮腹地寬廣，後方另設有一處公園供信徒及周遭居民休憩。泰祥宮主祀神農大帝，保佑南圳周遭居民五穀豐收，主要信徒為員本里與瑞原里居民，該地信徒同時為八本簿信仰範圍，是附近以南圳為灌溉水源居民重要在地信仰廟宇。（泰祥宮：經度 121.1092，緯度 24.9381）。

（三）胡家五福宮

胡家園景周遭多為農田，其中三七南圳流經田埂之間。五福宮則位於圳溝旁約 100 公尺，為胡家從泰祥宮分香的五穀爺，胡家家祠則位於五福宮左前方

三七圳流經泰祥宮前。

泰祥宮。

約 150 公尺橘色民宅。經由胡家耆老過去描述 1950 ～ 1960 年代（民國 40 ～ 50）年間，連年旱災導致民生用水匱乏，當時胡家人從圳溝往下鑿一尺水井，隔日水不斷冒出，解決民生用水問題，因此當時有各個家戶都在自家旁的圳溝往下鑿井的景象。（胡家五福宮：經度 121.0911，緯度 24.9527）。

（四）三七圳橋

三七圳橋位於新屋區東福路上 995 號旁，是唯一以三七圳作為名稱的橋樑，橋頭有北龍代天府，附近住戶散居於廣闊的田間。四周水稻田環繞，圳溝有一層一層如梯田的景象。豐水期時，潺潺流水搭配稻浪，行車經過時也能感受環境中稻田環繞的舒暢氣氛，八本宮臨時廟則位於三七圳橋（東福路上）前方約 2.4 公里處。（三七圳橋：經度 121.0653，緯度 24.9677）。

（五）三七南圳出海口

三七南圳出海口位於新屋區觀海路一段與觀海路二段交叉口，相傳早期渡臺開墾新屋地區之先民，正是於此處上岸進入內陸墾拓。往北緊鄰永安漁港，且有濱海自行車道與濱海林蔭大道經過。（三七南圳出海口：經度 121.0162 緯度 24.9808）。

表三 ▶ 走讀路線建議活動。   （資料來源：作者繪製）

走讀路線	建議活動
地點 1：三七南圳取水口與新梅伯公	三七圳的開鑿傳說、客家的伯公祭祀
地點 2：泰祥宮	八本簿的輪值信仰、新丁粄的手作體驗
地點 3：胡家五福宮	三七圳的開鑿傳說、丁口錢的在地故事
地點 4：三七圳橋	三七圳的開鑿傳說、早期農村的生活
地點 5：三七南圳出海口	河流、海岸生態資源

圖1　胡家家祠與農田。

圖2　胡家五福宮。

圖3　三七圳橋。

圖4　三七圳灌溉水路。

圖5　三七南圳出海口。

● 眾說紛紜的「曾茂公」

《桃園縣志》（1962：33-34）記載：

> 　　曾昌茂，廣東海豐人，清乾隆年間孑身渡臺，流寓新屋鄉笨子港。見於當地莓莓原田無水流之灌溉，怒焉憂之，乃有創修水利之志。尋與地方人士洽議，欲興工開圳。咸表欣諾。於是就其地形、地勢、水源等，一一分別勘察，並經周咨博訪，深思熟慮，然後商妥出工與分水量之關係，向各地主訂立契約。約成，即由笨子港開工，經始挖掘。然其後猶有懼傷龍脈，與慮山胞之阻擾，而中途廢約尼其進行者。因之，圳路斗折迂迴，殆如羊腸之屈曲，而圳邊之田無分水之利者，亦所不免。——加以其時楊梅一帶，森林茂密，榛莽遍地，山胞不時突出殺人。昌茂為達成志願，不顧險阻，晝則佩刀劍，攜籐牌，持畚鍤，與雇工墾壤叩石；夜則居林莽中，或履危蹈險，欲與山胞通款；如是精誠無間，經年累月，水圳竟以開成。由頭重溪引水，經水尾，上陰影高員本，而抵上楝榔笨子港；是即所謂三七水圳也。溉區得源源活水，川流不息，為利茲溥；計有農田二百八十四甲。

《臺灣鄉土全誌》（1996：719）：

> 　　相傳於清嘉慶年間，福建廣東渡海來臺移民曾昌茂，背負三官大帝磧爐來臺，供奉於自宅內。……因他終身未娶，又無子嗣供奉三官大帝磧爐，村民為感謝曾昌茂生前大恩大德，於是將三官大帝即曾昌宮（公）磧爐，奉敬於家中，歷經多年，喚醒村民追思，設立豐年祭、演外臺戲等活動，經費籌措乃以澤被地區，即現新屋鄉及少部分楊梅鎮、觀音鄉轄區，畫分

八大地區，議妥各地區負責人收取，以人丁數來分攤。該時收取金錢的簿
本為八大本，登錄人丁數，收費者依簿子上登錄丁數挨戶收取，所得款額
悉作全年大小祭典，購置物品之用，乃有八本簿之稱。於清嘉慶五年十月
十五日創立迄今，以輪值地區戶長，神壇前逐戶擲聖筊數最多者為爐主，
八月中交接典禮，清點各項物品，擇日將三官大帝磧爐迎至爐主自宅內。

《新屋鄉志》（2008：661）中提及：

　　曾昌茂，祖籍廣東省惠州府海豐縣。清代乾隆年間隻身來臺，居住於
笨子港（今新屋區笨港里）。其實新屋、楊梅地區雖然已經開發，但缺乏
水利灌溉。曾昌茂有鑑於此，乃興起開鑿水圳之志，並隨即與地方人士商
議，就分工與分水量訂立契約後，由笨子港動工，挖掘水圳。水圳興築期
間有立約者憂心築水圳會傷到龍脈及遭遇原住民的阻擾而中途廢約。儘管
如此，曾昌茂仍排除萬難，親自攜帶工具與武器，與雇工共同開鑿水圳，
並設法與原住民建立關係。水圳建築完成後，由於引水口在當時仍屬原住
民的勢力範圍，因而水圳時遭破壞。為了維持圳路暢通，曾昌茂親自負擔
水圳維護、管理之職務，直到過世，由未離開水圳。

　　另外包含《臺灣通史》（連橫 1977：533）、《新竹縣采訪冊》（陳朝龍
1962：160）、《新屋鄉埤圳空間、水利社群與祭祀圈變遷之研究》（賴奇廷
2008：106）、〈水利空間與地域建構：社子溪流域的水圳、祭典與儀式社群〉
（傅寶玉 2011：372）等數篇研究中，關於「曾茂公」的本名記載眾說紛紜，
本文彙整相關名稱對照表，註記相關文獻出處，並且標示出其本名記載，再次
透過本研究的田野調查與曾家祖譜，試圖考證「曾茂公」原名及轉化過程。

表四 ▶ 曾茂公名稱對照表。 （資料來源：本文繪製）

稱呼	出處	備註
曾昆茂	《臺灣通史》 （連橫 1977：533）	乾隆八年，墾戶曾昆茂築，分灌大竹圍等庄出七百甲，又灌霄裡口蔡等庄田三百甲。
	《新竹縣采訪冊》 （陳朝龍 1962：160）	乾隆八年，曾昆茂開濬，每年不收水租。
曾昌茂	《桃園縣志》 （郭薰風 1962-68：33-34）	曾昌茂，廣東海豐人，清乾隆年間子身渡臺，流寓新屋鄉笨子港。
	《臺灣鄉土全誌第三冊》 （花松村 1996：719）	相傳於清嘉慶年間，福建廣東渡海來臺移民曾昌茂，背負三官大帝磧爐來臺，供奉於自宅內。
	《新屋鄉志》 （尹章義 2008：661）	曾昌茂，祖籍廣東省惠州府海豐縣。清代乾隆年間隻身來臺，居住於笨子港（今新屋區笨港里）。
曾坤茂 曾公	《新屋鄉埤圳空間、水利社群與祭祀圈變遷之研究》 （賴奇廷 2008：106）	註130說明：「也有稱曾坤茂，訪談時耆老們多以曾公稱呼。」
曾坤茂 曾茂	〈水利空間與地域建構：社子溪流域的水圳、祭典與儀式社群〉 （傅寶玉 2011：372）	註37說明：「但依據八本簿首事葉先生及陳先生口述，曾茂才是全名，外界稱曾昌茂是錯誤的。」
曾茂公	本文田野調查文物： 八本宮曾茂公神位牌	
曾茂閭 曾茂哲 曾茂華	曾氏十世：維惇派下之三兄弟 曾氏十一世：曾茂閭、曾茂哲、曾茂華	經田野調查過程中，訪談曾陳欽先生時指出，其小時候祖父輩有告知他們後代，提到三七圳是曾家來臺祖（曾氏十一世）所開鑿，同時在祖譜中特別強調。（詳見圖6、7）

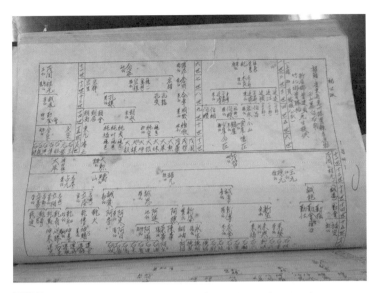

圖6 曾氏紀公派下系譜圖。（資料來源：曾陳欽先生提供）

　　本文訪問曾陳欽先生指出，應是曾氏十一世之大哥曾茂周率領兩位弟弟曾茂哲與曾茂華共同興築，由於來臺時的篳路藍縷，需要眾多人手共同合作開墾，得以完成如此浩大的水利工程。根據《曾氏祖譜》紀錄顯示，小弟「曾茂華」並未有子嗣，符合「曾茂公」的傳說故事中的原型，加上受訪人曾先生推測，假如早期祭祀的神主牌位可能因燻黑或損壞，其後重新打造新的一塊時可能筆誤或記錯，導致曾○茂或曾茂○其中一字的誤植。加上日積月累後未據考證，信徒與民眾皆改口為「曾茂公」、「曾公」以示尊稱，不過時至今日則已不可考據。然而，本文嘗試提出一個假設推定：雖說曾茂公無論在史料紀錄、口頭傳說各方面均無一致的名稱（詳見表四），或許正是曾氏紀公派下第十一世三兄弟之一的曾茂華開鑿水圳而未有後代，進而「神格化」來祭祀感念其功勞；抑或是「曾茂三兄弟」皆可以為是「曾茂公」，以資紀念客家先賢胼手胝足地來到新屋地區開墾，記錄這段披荊斬棘的移墾歷史與信仰文化，供後人景仰且感念先賢之貢獻，作為一段於客庄之中的佳話並廣為流傳。

曾氏先賢列傳

集安令

唐

（西向東坐）建重年午丙國民塔祖下派公元琚鄉豐新

業基建剏，地荒墾闢，握角三鄉屋新居初，台波居祖由（祖世二十）公元琚

念留誌特著顯績功田水漑灌為圳七三設開偏提並，樂家振大，

圖7　曾家祖墳文字記錄。（資料來源：曾陳欽先生提供）

議題討論

（一）三七圳的功用式微

三七圳現今的功能只有區域排水，原先的灌溉作用已被桃園大圳取代，顯然功能性已逐漸降低，加上石門水庫的建設，早已緩解桃園台地上農耕用水不足的困境。因此，某種程度來說，當代的三七圳已不具有傳統農業社會中，開鑿水圳掌握水權的社會地位，那麼三七圳的重要性該如何讓民眾認識，是值得深思的議題。

（二）祭典科儀的客語使用

八本簿的祭祀核心在於平安戲展演，此一文化傳承除了著重於祭祀信仰的內涵、祭典科儀的流程以外，更需要思考的便是客語使用的問題。由於客語使

用率逐年降低，儀式中所具有的專業術語繁多，未來八本簿平安戲的儀式若無法使用客語，八本簿信仰將面臨文化傳承之挑戰。

（三）八本宮的興建與否

早期新屋地區的農村社會多以「無廟輪值」的祭祀形式（爐主—首事）來供奉三界爺與曾茂公等，但由於現在多屬於小家庭式，選卜爐主的民眾受限家中空間不足祭祀，以及年輕一代對於八本簿信仰的內容不瞭解、對於接任爐主的意願下降，於是興建起「八本宮」臨時廟，祭祀籌備事項均由固定的廟方人員處理。然而在面臨信仰傳承與文化保存，因應社會變遷所引發的改動，仍有待日後持續關注。

延伸閱讀

日創設文化事業有限公司執行編輯，《新屋祭祀好風俗：簿傳信仰平安戲》（臺北：行政院客家委員會，2011）。

傅寶玉，《古圳：南桃園水圳空間與文化》（新竹：行政院客家委員會臺灣客家文化中心籌備處，2007）。

傅寶玉，〈水利空間與地域建構：社子溪流域的水圳、祭典與儀式社群〉，《民俗曲藝》174 期（2011），頁 359-416。

賴奇廷，〈新屋鄉埤圳空間、水利社群與祭祀圈變遷之研究〉（臺中：東海大學建築系碩士論文，2008）。

龜山光陰的故事

文、圖／蘇健倫（桃園市立壽山高中教師）

　　早期龜山一帶以龜崙社的往來活動為主。龜崙社又名奇崙社，有的學者認為屬凱達格蘭族，有的學者認為屬泰雅族的一支，也有學者主張其應為獨立的一族。龜崙社族人性情相當剽悍，從十七世紀到十九世紀經常與外來者發生流血衝突。根據地方耆老所說：十七世紀前期，西班牙為了開採硫磺曾侵入此地，與龜崙社族人互有死傷。清朝文獻《臺灣志略》裡則記載到：「龜崙番性強悍，經剪伐後，壯番寥寥，歸於霄里同居。」意即歷經清軍的壓制後，龜崙社族人遭到重創，與「南崁四社」之一的霄裡社混居，一支北遷到楓樹坑而稱「頂社」，一支南遷至新路坑而稱「下社」。等到日本時代伊能嘉矩到桃園一帶進行「蕃政研究」記載到龜崙社時，「頂社」、「下社」四周的土地多半已被漢人佔走，而此時的龜山早已是店舖、商號林立，其中最有名的就是建於清法戰爭後的「曹丁波洋樓」了。

龜山行政區圖。（圖片來源：維基百科）

● 曹家洋樓

　　龜山「曹丁波洋樓」位於今日的萬壽路上，這條清朝由劉銘傳鋪設的「龜崙嶺鐵道橋」舊道，在日本時代因為總督府另闢鐵路而易為公路，再經政府重新規劃後成了今日的臺一線。根據龜崙文化館繪製的「龜山百年歷史地圖」所示，清朝時期的龜山已經有官方鐵路、縱貫道的規劃，連結臺北府到新竹縣（當時桃園隸屬新竹縣）的交通。因此，1886年曹家的開基者曹接萬看中龜山縱貫道中段的交通優勢，興建外包建造西式洋樓，成了龜山現有房舍裡保存最完整的百年古蹟。而當時的龜山也已聚集許多開墾的漢人，店舖、商號林立，帶動了本地商業的蓬勃發展。

　　說起曹家的興盛史，可不只是在清朝時期而已。馬關條約後，清廷將臺灣

割讓日本，經歷乙未戰役與初期的漢人武裝抗日後，臺灣總督府以紳章制度、保甲壯丁團及開放部分基層官職的方式，逐步攏絡了舊有仕紳階級——曹家自然也在其中。接手父親曹接萬事業的長男曹丁波繼承「順和號」商店，經營雜貨而致富，擁有的土地產權橫跨大臺北地區與桃仔園一帶。尤其，適逢北部鐵路、公路、台車的興建，曹丁波經營菸草、布匹、煤礦與生活用品等生意，家族事業擴大，也進一步透過對公共事務的積極參與，承擔社會責任。

曹丁波的一生具體而微地見證了漢人仕紳如何在日本統治下服務鄉里的歷程。從任職來看，曹丁波曾擔任過龜山崙口壯丁團團員（1903）、甲長（1905）、龜山信用組合監事（1925）、龜山庄協議會員（1927）、龜山信用組合長（1928）、龜山庄協議會民選會員（1935）等；從任事來看，曹丁波曾捐贈 110 圓給龜山壽山巖修繕工程（1915）、120 圓給龜崙口公學校做為購地基金（1919），還曾出任慈濟會會長（1928）救濟庄內貧民、發給施療券。也因為曹丁波對龜山貢獻良多，在 1930 年獲得當時的總督石塚英藏授予銀杯，五年後的日本治臺始政四十週年也獲得桃園郡守表彰，可以說是本地最負盛名的仕紳之一。

曹丁波與妻子吳笑育有六男（曹欽源、曹鎮海、曹培昌、曹坤地、曹成金、曹澤隆）一女（曹綢）。其中，曹欽源、曹鎮海、曹培昌三兄弟分別在日本人的統治下擔任學者、龜山警政官房長、龜山副庄長，曹培昌的妻子曹尤梅自臺北第三女子高校畢業後於 1929 年起在龜山公學校（即今日的龜山國小）任職，是龜山第一位臺籍女教師。當時，正值「日臺共學」推動，臺人受教育的機會增加，而龜山公學校的棒球隊在大小賽事中屢獲冠軍，奠定今日龜山棒球發展的基礎。

曹家除了對龜山的商業、社會、教育有所貢獻外，也在戰後重建的工作上扮演相當重要的角色。曹丁波長子曹欽源在日本統治時自東京帝國大學畢業，於中華民國政府來臺時因為是少數留日成就最高者之一，因而與朱昭陽等在留

日臺人籌組「新生建設臺灣研究會」，協助政府推動建設。後來，曹欽源在臺灣大學擔任日文教授，著有《日語綜合讀本》，是臺灣早期在高等教育的推手之一。

眷村故事

　　與萬壽路交叉的大同路、平行的陸光路，銜接著戰後來臺的眷村故事：陸光二村、陸光三村、憲光二村。國共內戰後，中華民國政府撤退來臺，為安置大批軍人及其眷屬，在全臺建置眷村。桃園眷村的建置時間與全國大致同步：第一期建置的眷村（1945～1956）以接收日本遺留房舍與臨時搭建為主，四面牆壁用竹籬笆為骨架，外面敷上泥土。第二期建置的眷村（1957～1980）在「中華民國婦女聯合會」的募款下，加上政府部分經費挹注，改建成木造平房與鋼筋水泥公寓。第三期建置的眷村（1981～1996）在國防部與地方政府合作下，將眷村改建為國宅、軍宅。第四期建置的眷村（1997～）則因《國軍老舊眷村改建條例》的頒佈，以法律配合都市計畫進行整體改建。

　　龜山因為境內多為丘陵、台地，頗具防禦價值，成為陸軍訓練基地的首選。也因為如此，早期龜山的眷村多以陸軍命名，例如陸光二村、陸光三村。而軍法的執行部隊「憲兵」，也在1968年於本地設置憲光二村提供入住，是桃園唯一的憲兵宿舍。時值今日，陸光二村、陸光三村已陸續改建成陸光新城、千禧新城，前者因背對虎頭山、面向南崁溪而被譽為移居養老的社區，後者則在原住戶成立「龜山眷村故事館」後保存了許多以前眷村時代的家具、文物。至於憲光二村，在居民全數遷出後仍然保留建物，於2006年登錄為歷史建築、2008年成為電視劇《光陰的故事》取景地點，前桃園市長更在2017年宣布將於憲光二村成立臺灣第一座「移民博物館」、2020年設置「中華民國眷村資源中心」，成國全國「眷村學」的重要推動平台。

憲光二村門牌牆。

憲光二村保留之廚房。

（一）憲光二村

　　走進憲光二村的大門，尋訪這段「光陰的故事」，首先映入眼簾的，是一幅幅與在地孩子共創的彩繪牆。在文化局與駐地工作站的努力下，原本斑駁閒置的舊房舍一一轉變為文創與藝術的美麗空間。經由與鄰近的銘傳大學、壽山高中合作，憲光二村陸續推出展覽、教具箱、照片牆以及各式各樣的工作坊，為老建築增添了新元素。這些「記憶的刻畫」，透過一幅幅眷村生活景緻的創作，將烙印在心底深處的情感完整呈現，細膩地記錄、珍藏在每個角落裡。時至今日，仍有許多以前住在憲光二村的老爺爺、老奶奶以及第二代、第三代，不時返回這裡追憶昔日說話太大聲會被隔壁聽到的眷村時光，與自己的兒孫在老榕樹下的鞦韆同樂，一邊訴說童年與青春。

（二）龜山眷村故事館

　　與萬壽路平行的陸光路，承載著另一段光陰的故事。位於龜山國中不遠處的「龜山眷村故事館」是陸光三村改建後遺留的工寮。原籍屏東、嫁給軍人的

龜山眷村故事館。

鹿媽媽分享眷村故事。

鹿媽媽說：「眷村故事館還沒有被指定為歷史建築時，幾位熱心的居民成立協會保存舊時器物，用『你丟我撿』的心情將眷村生活的用品一一保存下來。」因為他們認為透過共同的物件與空間，能提供原住戶凝聚感情的場所，否則隨著時間的流逝、住戶的離散，這些記憶將不復存在。因此在志工們的同心協力下，將一樓用黑膠唱片、大同寶寶、老電視和太師椅打造成一個復古的客廳，二樓則是呈現以前榮民爺爺買饅頭的腳踏車與雜貨店的小本生意場景，讓訪客感受以前還沒有便利商店時，民眾就近購物的情境。除了生活物品的展示外，近年來在藝術工作者的進駐下，也陸續完成了剪紙布置、實境遊戲、眷村家常菜明信片等作品，每週二至週日期間開放參觀，讓參訪的民眾可以在時光的回溯中重新認識眷村。

（三）陸光新城

陸光路另一頭的陸光新城，秉持「在地老化，原居養老」的精神，將社區打造成宜居住宅。當地的里長曾說：「居住在陸光新城的，大部分都是跟隨政府來臺、已經年邁的爺爺及眷屬們。因為社區平均年齡極高，人口流失得也快，平均一個月會收到四張訃聞。」因此，社區會定期到府探視獨居老人，深怕他們因為生病又無人聞問而發生憾事。社區另一個暖心的活動是「團膳共餐」，陸光社區發展協會理事長的名言是：「一起吃飯飯更香！一起友孝有健康！」他說：「因為我們眷村小孩有一個特性，都是鄰居養大的。因為爸爸都在前線嘛，那都是彼此之間左鄰右舍，一群媽媽養一群小孩子，像有時候我沒飯吃，我就會跑到隔壁媽媽家吃飯。」因此，他們率先推動「團膳共餐」，讓老人家在年輕人離家後還能感受到溫暖與歸屬感。

背山面水的陸光新城也非常適合樂活族生活。社區前的「軍史公園」是龜山區陸光里在 2015 年爭取成立的，展示著包含坦克車、40 快砲等除役武器。40 快砲是用來打敵軍飛機的地面防空武器，因為飛機移動的速度很快，操作

龜山陸光新城。

龜山陸光新城社
區發展協會。

者要有好眼力才射得準。位於南崁溪旁的河畔的自行車道，是桃園市政府與經
濟部水利署合作推動的「南崁溪水岸休憩廊道」，配合沿線的河濱公園與休閒
設施，可以一路從桃園龜山騎腳踏車通往竹圍漁港，是親子同遊的交通網絡。
社區後的虎頭山環狀步道更是健行的好去處，每逢假日都有居民在綠意盎然下
享受輕鬆愜意。

飲食、休閒與日常生活

（一）後街燒餅

　　陸光橋旁的「後街燒餅」，記錄著浪子回頭的勵志人生。根據老闆向媒體透露的內容可以知道，年少輕狂的他也曾過著浪蕩的「兄弟生活」，一次在基隆廟口與女友吃到美味「蟹殼黃」，脫口說出自己能做出更好吃的糕點，成為他人生的轉捩點。在愛情與親情的感化下，這位手臂上仍有往日歲月刺青痕跡

龜山後街燒餅店。

後街燒餅店的招牌蔥燒餅。

162

的老闆挽起袖子，重新拜師學藝、開了這家燒餅店。起初，前來消費的眷村老伯買完燒餅後吃沒幾口就隨手丟在附近，讓剛剛金盆洗手的老闆忍不住灰心喪氣，差點就要把店收起來。撐過這段最難熬的階段後，才知道這是眷村老伯用行動的「身教」，生意也越來越好。店裡最有名的蔥燒餅，一口咬下，蔥香滿溢，是老闆精心研製要讓顧客吃到料好實在的心意。這些銅板價的糕點沒有絲毫偷工，見證著相互扶持的情感，持續飄香在陸光橋畔。

（二）苦苓林

從龜山的平地往林口台地前進，曾有一片「苦苓林」。在日本統治臺灣的時代，坪頂一帶稱為「苦苓林庄」，隸屬於桃潤堡，後來隨著街庄改制而改名為「坪頂苦苓林」大字，隸屬新竹州桃園郡龜山庄。「苦苓」又名「苦楝」，是一種不畏潮風鹹土、生長迅速，適合作為海邊造林的樹種，也相當程度代表著龜山人的韌性與毅力，曾有耆老提到「苦苓林」在閩南語的發音近似「可憐人」，曾經有段淒美的愛情故事，因此也有「苦戀樹」的別稱。臺灣以「苦苓」為名的舊地名相當罕見，除了板橋的「楮栲腳」，另一處就是今日龜山「公西里」與「大崗里」的「苦苓林」了。

（三）苓林大戲院

公西位於龜山區的復興街與永樂巷，早期是阿兵哥經常造訪的鬧區。以苓林大戲院為核心，在1960到1980年代曾有許多鄰近的居民前來這裡的電影院、商店、茶室、餐館、旅社消費，尤其以慧敏營區駐軍為大宗。也因為如此，每逢假日苓林大戲院就會播放勞軍片，像《梁山伯與祝英台》就曾經熱映十八天，是公西居民迄今津津樂道的話題。伴隨戲院而來的商機也是相當可觀的，無論是戲院的販賣部還是外頭的小攤販，每到熱門電影上映時總是門庭若市，甚至放映電影的屏幕還會「置入性行銷」地寫著「天天百貨」的「冠名贊助」，成

為苓林大戲院另一筆收入來源。

　　當時的播放方式「默片」與「辯士」更是歷史的見證。1920 年代的臺灣身處「文化啟蒙」的浪潮，在蔣渭水、林獻堂與一群知識青年、社會菁英的努力下，成立「美臺團」下鄉巡迴放映電影，這股風潮到了戰後依舊影響著臺灣人。苓林大戲院當時播放的電影還是「默片」，因此需要由「辯士」從旁解說內容，有時為了節省經費也會請放映員兼任，脫稿演出與即興發揮就成了看電影以外的樂趣了。昔日公西苓林大戲院的放映器材在我們今天來看更是難以想像。放映師在播電影前要先點火，如果燒得不好會導致整部電影失去畫面，非常考驗放映師的技術，更別說還要兼顧「辯士」的解說了。

苓林大戲院內部現況。

　　芩林大戲院全盛時期也帶動了公西的繁榮，經歷兩次改建後廳內有 408 席座位，才能容納得下絡繹不絕的阿兵哥們。然而，由於 1980 年代龜山的軍營重新縮編，加上專車接送至桃園火車站的服務，以及電視普及、忠實顧客的老成凋零，芩林大戲院終究敵不過大時代的浪潮，於 1991 年停業。誰能想到曾經繁華一時的公西，如今是這麼地靜謐寂寥呢？只能說：「戲，就這麼散了。」

 ## 結語

　　「當記憶被召喚，故事永遠說不盡。」走讀龜山，映入眼簾的是滿滿濃厚的人情味與歷史感。我們帶著對腳下這片土地關懷與好奇，找回一座老城鎮的生命與脈象。現在，我將這份體會分享給您，邀請您一同「從零開始」，走讀龜山、感受龜山。

走讀復興區角板山

文、圖／朱嘉慧（桃園市立武陵高中教師）

百年前的大嵙崁流域

　　復興區為桃園面積最大之行政區，位於中海拔山地，屬於加里山脈和雪山山脈範圍內。因雨量豐沛，終年雲霧繚繞，發育出良好的亞熱帶季風林，自然資源豐富，是許多山林愛好者踏青健行之處，更是泰雅族人千年來的傳統生活領域。

　　泰雅族人能夠在山林間長治久安的生活，是因為遵守祖先的教誨和對自然的敬畏，以 GAGA 精神維繫族人生活場域和社會機制。當族人沿著稜線遷徙至新的居所時，流域和獵場便有大家必須共同維護和遵守的原則。

　　泰雅族人遷徙時，以流域劃分生活場域，形成部落群。一旦意識到居住地的人口過多，便由各家族推派人馬出發，尋找下一處新的住所。由於不斷地分族立社，因此彼此之間有著血緣關係，即使平時互不干擾，但又能建立起牢不可破的攻守聯盟，抵禦入侵。泰雅祖先從南投經新竹或宜蘭，進入大嵙崁溪上游，再沿著溪流往下到臺北縣三峽一帶，稱之「大嵙崁」族群。

　　泰雅社會發展出合作與共享精神，互相幫忙建造家屋、播種或收割等，並配合所在的環境、區域差異與季節種植小米，以維持土地與人的和諧關係。在森林裡面，泰雅族人認為每一個物種都是很重要的，都有其價值，不會特別分類成保育類或非保育類，一視同仁、尊重其存在；獵人則深知在自然資源上適當取用的原則，根據樹種、季節和物種來安設陷阱，因為他們從小在這樣的文化長大，知道有一天也要教導晚輩，必須以身作則。

　　在嚴謹的 GAGA 文化下，傳統的族人狩獵和捕魚都是有所節制的。春季（四到六月）為動物的發育生長期，必須讓幼獸得以生長，便不會隨意上山，只在秋冬農閒季節進行狩獵。另外，夏天若需要肉類蛋白質來源，也會去溪流捕魚。部落間嚴禁跨越獵區範圍，一旦越界的情況發生，就必須由頭目（各部落推舉出的意見領袖）共商賠償事宜。獵人出發前後都有嚴謹的 GAGA 要遵守，必須保持感恩和身心狀態。

泰雅族人眼中的山林每一個生物都有其價值。

族人重視傳承精神包含生態永續、弱勢團體的關懷、公益和自律道德等，真正符合精神的人，才能獲得紋面和長老的肯定。如果不是這樣、違反道德的，會被長老責備，帶著一生的恥辱。族人被教導要把 GAGA 的精神傳承下去，回饋社會，幫助需要幫助的人，做一個有用的人。

而這樣宛如烏托邦世界的山林歲月，隨著帝國主義在全球的蔓延，終於在清末之後，使其再難得安寧。

走讀路線：角板山商圈

泰雅族人在日治時期前分布在桃園、新竹與宜蘭間，本次因篇幅有限，便以遊客最熟悉的角板山形象商圈其周邊歷史重要景點作為介紹，旅人們若能跟著泰雅族人走進山林與流域，便有機會認識更多珍貴的無形文化資產。

石門水庫沿途有許多觀景台，當車行進入奎輝部落附近，便可遠眺阿姆坪。從阿姆坪碼頭搭船抵達對面的山頭，是一處近年因偶像劇拍攝而聲名大噪的景點「薑母島」，搭船遊水庫的同時欣賞自然風光，相當愜意。然而，這個薑母島拍攝地點其實是一個很重要的歷史要塞，它叫「枕頭山」。

枕頭山步道上的竹林中，仍平放著當年日本總督府所立的石碑。那是當年泰雅族人生死搏鬥的痕跡，無情的隘勇線雖早已拆除，但在北番圖上卻仍是一條不可抹去的痕跡。為了阻止日軍的步步靠近，泰雅勇士曾浴血奮戰守護家園，卻仍在 1907 年的枕頭山戰役中，輸給了現代武器和日軍人海。為什麼這座山不像它的名字可以高枕無憂呢？

也許故事可以從沿途所見，那些碩大美麗的樟樹說起。

（一）百年古戰場：枕頭山（枕頭山古砲台步道）
漢人在 17 世紀移入臺灣後，樟腦便是重要的貿易項目。初期採伐樟腦

主要作為藥用、雕刻、建材與船隻等用途。1860 年代賽璐珞（celluloid）[1] 與 1884 年無煙火藥發明後，樟腦的需求量與價格均不斷上漲。作為世界軍火與電影工業的原料，臺灣剛好是極其重要的產地。在如此龐大的利益與需求下，當平地樟樹所剩不多時，山區自然成為下一個眾人亟欲開發之所，也使原漢之間開始發生數次戰役。

光緒 13 年（1887），劉銘傳徵調萬人大軍征攻泰雅族人，史稱「大嵙崁之役」。其間曾攻下枕頭山並設置砲台，但後來還是被泰雅族人奪回。戰役過後，清軍與泰雅族人互有攻防，共有七次戰爭。之後因外商抗議樟腦專賣，加上清廷不支持劉銘傳新政，在清領時期結束時，泰雅族人尚守住這條重要的防禦攻線。

（二）枕頭山、插天山戰役

然國際間對樟腦的需求此時有增無減。到了明治 39 年（1906）出身陸軍大臣的佐久間左馬太擔任臺灣總督，制定「五年理蕃計畫」，以隘勇線前進方式，計畫性的武力強迫泰雅族人歸順。而三峽大豹社首當其衝，在日軍七次夾攻下浴血奮戰，幾乎滅社。

泰雅瞭望台。

失去居地的部分族人跟隨頭目移往大嵙崁地區。日人持續追殺外，於明治 40 年（1907）更為擴張「枕頭山—插天山」隘勇線，與角板山地區的族人發生激烈大戰。

1　賽璐珞（賽璐珞，Celluloid Nitrate）是一種合成樹脂的名稱。是歷史上最早發明的熱可塑性樹脂。

當時大嵙崁群分為 Msbtunux（前山群）和 Mkgogan（後山群），而枕頭山為北泰雅族前山群的共同命脈，在日軍現代武器與攻勢下，泰雅勇士護守家園毫不退縮。兩軍激戰三個多月，甚至連代理廳長早川源五郎都在戰役中陣亡，因此枕頭山之役被日方稱為理蕃最初的大戰之地。

面對前山群的全力抵抗，日軍吃盡苦頭，最後利用地緣戰略，透過臺中廳與南投廳於側方牽制，讓前來支援的馬武督群和馬里闊丸群（Malikoan）被迫返回家園，前山群最終被迫談和。[2]

但其實在泰雅族語中「sbalay」的字義為「尋找真相、和解」之意，因泰雅人非常重視關係的修復，而不是表面的輸贏懲處或是罰則。大嵙崁群當時與日方的戰後協定中，泰雅族人雖同意日方取得樟腦（樟樹的開發），但希望維持土地耕作的使用權，並重視整體的生產土地生態維持，可惜當時在帝國主義下的日軍思想是以「歸順、投降」來理解，雙方想法相差甚大。最後日方將大嵙崁地區交給財團三井成為最大的樟腦事業經營者，並無意履行與泰雅人的相關承諾。

到了日俄戰爭後，佐久間總督準備對「後山群」進行「五年理蕃計畫」，由軍事行動協助警察隊入侵泰雅族傳統領域，甚至以慣用的「乘虛奇襲」逼使後山群的泰雅族人必得為其捍衛傳統土地，發動聯合抗日戰爭。[3] 而後山群以對山林場域的了解和英勇的精神，雖曾於「梵梵戰役」中打贏日方，但最終仍在現代化的武器與攻勢下，被迫歸順。

為此日軍於 1911 年開始闢建西起角板山，東至宜蘭三星的理蕃道路，穿越泰雅傳統領域，並沿途設立駐在所，史稱「角板山三星古道」，也正是今日北橫公路大部分的路段。為弱化其連結，日軍將其分治在桃園、新竹與宜蘭等

2 相關走讀地點：三峽大豹忠魂碑、新竹關西李棟山古堡、舊馬崙砲台（今巴陵鐵塔）
3 傅琪貽（藤井治津枝），《大嵙崁事件 1900-1910》（臺北：原住民族委員會，2019）。

走讀路線 ▶ **走讀路線：角板山商圈（中正路）周邊**

　　復興區歷史文化館→樟腦收納所（角板山別館內）→角板山形象商圈
→角板山公園（Pyasan 部落）遠眺枕頭山與溪口台河階→角板山薰風閣
→佐久間左馬太紀念碑台基（今復興亭）→角板山接待所→樂信瓦旦紀念
公園

走讀角板山路線

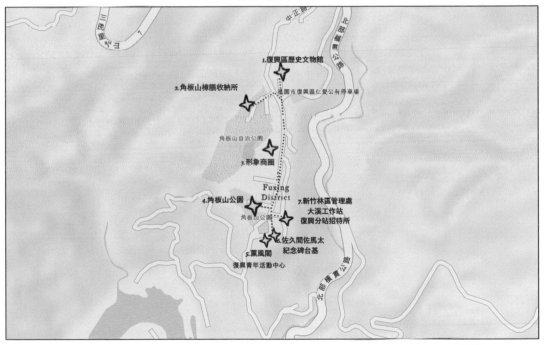

走讀路線示意圖。

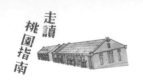
不同行政區，並透過改變其本來游耕與狩獵生活型態，從武力到文化，強制執行帝國野心。

後中華民國政府來台，興建了重要的石門水庫和攔砂壩等水利建設，以農養工時期也曾鼓勵種植溫帶經濟作物改善生活。從傳統的游耕，自給自足，到必須融入的社會交易市場體系，再次改變了本區的景觀地貌與人地關係。旅人可將復興區歷史文化館作為參訪第一站，館內有詳盡的遷徙地圖與歷史相關解說，可加深對本區自然與人文的認識

你的名字 Pyasan

1897 ～ 1907 年間，樟腦收益占殖民政府每年大約 10 ～ 20% 收入，1907 年甚至達到了 20.46%。隨著技術提升，1915 年為桃園廳樟腦與腦油產量的最高點，為日治初期重要收入來源。

臺灣樟樹在全球植物生態中具有獨特之位置，日人有規模的調查與造林，一度佔世界樟腦出口的七成，左右全球市場價格。如今在角板山別館，便還保留著一棟非常重要的建物，作為時空更迭之見證，即角板山樟腦收納所。它曾荒廢一段時日，於民國 98 年時才重新修復與開放，是臺灣目前僅存的日治時代專賣局樟腦廳舍，非常富含歷史意義。館外還有一小段輕便鐵道與輕便台車，讓旅人彷彿走進時光隧道。

當時日人為運送山區的樟腦、茶葉等

角板山樟腦出納所。

172

貨物，因而鼓勵民間地方紳民出資舖設，以增加總督府各項財政收入。當時西部縱貫線已建設完成，民間知曉交通建設會影響物流與地方發展。此時由桃仔園（今桃園）、大嵙崁（今大溪）、八塊厝（今八德）等地的有志者，向群眾募資股金成立了「桃崁輕便鐵道會社」[4]，為全臺第一家專營交通運輸的民營輕便鐵路會社。1903 年完成「桃園—八德—大溪」間的道路，並於 1910 年完成大溪至角板山路線。除了運送山區的樟腦、茶葉等貨物外，甚至還提供客運業務，使角板山的風景日漸遠播[5]。當時臺灣第一大官方報紙《臺灣日日新報》舉辦票選臺灣八景十二勝，角板山還獲選為臺灣十二勝之一。

　　1921 年英領北婆羅洲政廳理民官兼旅行家歐文・魯特[6]（Edward Owen Rutter）造訪臺灣九天的行程中，便是由日方安排參訪角板山，作為北部重要觀光之景點。當時日人把角板山當成治理範本，常接待外國貴賓或政官達要，且為呈現其在殖民地產業與建設的成果，他寫下這段文字：

> 　　接著我們出發上路，我們發覺這是一種讓人愉快的旅遊型態。行過一段長路、穿越平原，我們逐步上坡，到達俯瞰淡水河的一座山頂，接著雀躍地以飛快的速度下坡。台車道自此變成單軌且有許多急轉彎，我們不只一次迎面遭遇上行的台車，但由於煞車功能良好，我們總有時間停車跳下。有次，我們遇上一列滿載甘蔗的台車，這時我們也得下車，讓苦力把台車推到路邊，等候障礙排除再回到軌道上。……最後，在攀登了 1,500 英尺後，我們終於在下午五點抵達小小的角板山監督駐在所，走了七個小時的路程，很高興終於可以伸伸腿。

4　即今日桃園汽車客運股份有限公司的前身。角板山出產的粗樟，經由輕便鐵道運往大嵙崁的河港，再轉運至臺北的專賣局南門工場樟腦精製所進行再加工。

5　延伸走讀：舊百吉隧道。

6　Edward Owen Rutter，《1921 穿越福爾摩沙：一位英國作家的臺灣旅行》（臺北：遠足文化，2017）。

　　經過角板山公園時，往溪口台望去，可以看見明顯的河階地形。由於地質變動造成古新店溪向源侵蝕，大約三萬年前襲奪了古大漢溪，讓大漢溪成為淡水河三大支流之一。由於侵蝕基準下移，造成此區有許多河階地形。河階具有平坦、近水源、較無水患等優點，許多泰雅族人便在河階台地上成立部落，如溪口台、角板山、奎輝、長興等。

　　為接待貴賓及展示日本的理番成效，佐久間總督還曾投資四萬六千餘日圓，選用高級檜木材在此建造了角板山貴賓館，希望作為裕仁太子全島旅遊時在角板山的住宿地點。雖然太子後來並未親自到訪，此處卻成為當時許多日本皇室渡假造訪之處。中華民國政府來臺後，成為蔣公行館，而後遭逢祝融改建

河階面　　　　　　　　大漢溪

河階地形示意圖（角板山公園望向溪口台）。

為新大樓（即今日復興青年活動中心），如今還可以看到活動中心旁留有薰風閣，即當時貴賓館家屋部分。

而大溪警分局復興分駐所旁，有一棟日治時期的「新竹林區管理處大溪工作站復興分站招待所」，為見證臺灣林業發展的重要歷史建築。當年樟腦收益豐厚，日本總督府於此設立招待所，全棟建築幾乎是使用上等臺灣檜木，隨著歲月的侵蝕，它也曾一度成為廢墟，直到近年歷史建物的重新重視和多年的整修後，桃園市政府終於 2022 年 10 月修復完成，目前規劃為林業故事館及地方創生據點，提供青年創業與工藝職人進駐。警察局前的天幕活動場，目前建有一超大泰雅帽造型的天幕，提供族人活動集會使用。廣場盡頭有座復興亭，其實該亭的花崗岩基座，就是原本的佐久間左馬太紀念碑台基，讓到訪者見證本區重要人文歷史之更替。

在歷史的洪流中，有些名字被人們拆除，有些則值得被重新認識。

1906 年的三峽大豹溪事件便是如此。

角板山貴賓館（薰風閣）。

當時大豹社泰雅族的總頭目瓦旦‧燮促（Watan mrhuw）率領族人反抗，但無法與日軍武抗衡，率族人退守角板山三民、雲霞一帶，而在 1909 年大嵙崁群聯合戰役後，為保住族人命脈，瓦旦‧燮促親往角板山向日本當局歸降，並讓 10 歲的兒子樂信‧瓦旦（Losin Watan）充作人質。歸降的附帶條件，是要求日方讓樂信‧瓦旦接受新式的教育。

後樂信‧瓦旦改名為渡井三郎（日野三郎），從角板山番童教育所（今介壽國小）、到桃園一般高等小學校，最後畢業於臺灣總督府醫學專業學校（今國立臺灣大學醫學院前身），成為一位傑出的現代醫者。他曾任角板山、尖石等地區的公醫，從事現代醫療並傳授族人近代醫療知識，也是族人與日人的溝通橋樑。

樂信瓦旦紀念公園。

樂信瓦旦紀念公園。

中華民國政府來臺後，他改名為林瑞昌。1947 年二二八事件時，樂信·瓦旦勸導族人切勿參與。事件過後，新竹縣政府頒發獎狀，表揚他維護治安有功。同年 6 月樂信·瓦旦向三峽鎮公所提出陳請書，請求讓族人取回大豹社祖居地，內稱：「光復了臺灣，被日本追放後山的我們，應復歸祖先之地祭拜祖靈，是理所當然之事。光復臺灣，我們也應該光復故鄉，否則光復祖國之喜何在？」縣政府則以「若山胞再返故居地，現有居民生活必致無法解決」而未准其陳請。

在當時嚴肅氛圍的年代，他無懼地選擇為族人發聲，也是原住民族主張「還我土地」的先驅。後雖當選第一屆臺灣省臨時議會議員，並積極為族人爭取權利，卻仍在白色恐怖時期與鄒族菁英高一生等人，同時成為政治受難者。

如今羅馬公路靠近一處廣闊的瞭望台公園，其路邊小坡上，便是樂信瓦旦紀念公園。旅人們記得停下來看看那處紀念公園，閱讀著被人們遺忘的過往。

 ## 祖先的智慧

原住民能夠在土地上生存千百年，往往都發展出一套與自然環境永續共生的智慧。氣候變遷與全球環境議題日益嚴峻，原住民族古老的美德與生態智慧（TEK）再次地受到重視。

先民們許多對待土地的智慧並沒有過時，而是長期累積出的教誨和自我節制。日本學術探險家森丑之助曾在 1913 年 8 月演講時說道，「臺灣因為有野蠻的生蕃居住，在歷史上防止了移墾臺灣的漢人湧入山區濫伐、濫墾土地，結果臺灣的大自然受到保護，國土沒有受到傷害。」（楊南郡譯文）。

但現代國家形成過程中，若遇到土地上有原住民族，多會發生土地剝奪的不正義，並破壞原有的環境倫理和文化關聯，以新的產權關係制定其土地規範。殖民者以「無主地的殖民論述」來處理其土地問題，先收國有，再廉價的

賣給私人企業，進行商業化的活動以增加稅收。強勢的殖民者，多以對族群的偏見，自定義種族優劣、野蠻與文明，影響至今仍在。如今許多國家致力於重新認識原住民族的防災和土地知識，並希望能將用來共同提升國土規劃與環境減災，期以互惠共生，也是目前學術界跨領域研究努力的方向之一。

（一）地名與野菜名

透過泰雅地名，亦可以知道泰雅族人是如何為土地動態的命名，並告誡子孫相關的注意事項，以適當的方式對待土地和自然：

> 地名是泰雅族人傳承生態知識的重要方式，也蘊含了許多對於地形水文的觀察所累積的經驗。例如許多地名中，記錄了許多族人記憶中發生過的環境事件，包含直接指出災害的現象、地形的描述，以及對於人地關係規範的告誡。
>
> 如 rahaw（高位的河階地，是適合居住的地方）；hnuk snat（質地鬆軟容易崩落的山壁，需要避開）；mlama 是指地上出現裂縫，不適合居住。（官大偉，2015）

越來越多的國際案例也顯示出原住民傳統生態知識，在災害管理中的價值和意義。透過真正長期在土地上生活與觀察的反饋，也能讓防災與整治工程更有效能，達到更好的資源使用與公共利益。

除了地名，其實野菜也是祖先的傳承給後代子孫的寶庫之一。羅浮與溪口部落近年亦進行相關的文化導覽，其中前觀光協會理事長羅程瑋先生受訪時提到：「以前祖先很能夠辨識野菜，現在幾乎有一大半都失傳了，非常可惜。但有一些仍保留在女孩子的泰雅名字中。」

解說狩獵陷阱。（照片來源：喜願達告提供）

（二）泰雅的分享傳統

在險峻的大自然中，個人難以生存，培養出泰雅族人不自私，重視合作和整體利益的精神。生活中為維護自己和後代的生存資源和空間，將生態永續概念融入生活。土地使用上，他們大部分從事游耕，種植小米芋頭，也會採集野菜作為食物來源。

如果抓到山豬，部落有幾個人就分幾份，大家都會彼此感恩。下次有別家的年輕人狩獵，也會分享。長老曾說，這樣的社會制度會照顧到弱勢家庭，不會有貧富差距。

記得一次訪問中，獵人說道：「若有遇到部落中，家裡已無男丁或老弱無力狩獵者，部落獵人打獵回來也會把肉類分享給他們，彼此關照。」

這讓參與訪談課程的學生深受感動，深覺過往對於原住民族的了解還是過於表淺，以為只有風味大餐或歌舞表演，沒想到卻是因為過往沒有太多機會了解彼此。

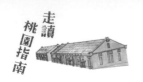

（三）祖先的種子

小米（羅浮部落）。

文化來自生活，日本人深知泰雅族的生產方式與文化緊密相連。因此為了方便監控，必須改變部落的游耕型態。他們讓泰雅族人放棄小米改種水稻（開墾梯田）變成定耕農業，如此可達到日人掌握聚落的政治目的。

然小米與游耕卻藏著祖先累積下的生活智慧，例如利用微地形變化（利用地形的坡度種植），可以減少彎腰種植的施力，然日人所傳授的定居水田，則需要砍掉山坡邊角（容易造成邊坡災害），又須修築水圳（日人得以管理監督）；另外，祖先安排小米和地瓜的種植與採收時間，是巧妙配合食物之季節性，並在採收後，讓土地適度休養。而游耕更是環境復原的實踐，如此循環利用維持土地地力的可持續性。

某次帶領學生的訪問中，便在耆老口中獲得驗證：

> 學生：聽起來小米的產量不夠。那我們是否可以嘗試來設計甚麼，好協助小米產量增加？也可以增加收入？
>
> 族人：其實我並不想要小米增產到甚麼程度，因為土地是需要休息。我比較希望年輕人能夠回來傳承文化。

透過訪談發現，一個重視永續發展的泰雅老農，最在意的竟然不是科技讓糧食增產的議題，而是土地和文化。小米是祖先的種子，它的播種和收成都有相關的祭典，而儀式之外更重要的是人與人、人與土地的連結。

（四）永續建築與生活實踐：桂竹

耆老說，泰雅有三寶，也就是「紋面、編織、竹子」。而早期竹編物品為住民日常用品之來源，小至獵具（魚荃）或飲水容器，大至家屋、穀倉、瞭望台等皆會用到竹子。而復興區因有優良的天然條件，種出來的桂竹品質特別好，也是日本頂級竹劍首選之材料。

由泰雅返鄉青年所成立的《桂竹發展協會》曾在訪談紀錄的書中提到：

> 早期的聚落以家族組成為單位分散在山區當中，族人遷徙到一處開墾原始森林後先種小米、芋頭等作後，過後再種下桂竹。日據時代以前，部落內的桂竹多為自用，種植面積並不大，然而從日據時期開始因為市場需求開始有高經濟價值後，部落族人便在耕地上廣植桂竹，造就現今廣佈復興區的桂竹林相。[7]

（五）山裡的合奏

耆老說，泰雅族的男女都有口簧琴，戀愛的時候還可以拿來告白。口簧琴有　簧到五簧，聽到耆老演奏一簧時，就已經覺得其變化無窮，令人深深陶醉。據說以前整個山谷的族人還會一起吹奏口簧琴，那種齊奏的震撼之美，如今仍存在耆老的遙想之中。

雖然口簧琴並不專屬泰雅族，但看過或親自演奏過的人可能還是很少。原住民族有各類有形、無形的文化資產，而音樂具有超越語言的魔

口簧琴。（照片來源：瓦利斯哈勇老師提供）

7　《尋找泰雅竹跡：竹產業實錄》，桃園市桂竹發展協會，2021，頁55。

力。訪客亦可邀請原住民族工藝師、藝術家進行相關手作課程，傳授文化知識並製作。

後記

　　為了增進對不同族群文化的認識與理解，提升歷史的時間軸和地理空間的認識，將影響訪者以不同視角去認識與理解。山林間留下的工藝與建築藝術，皆是珍貴而無聲的文化資產。感謝許多民族地理學的教授先行並開拓許多道路，更感謝協助受訪的泰雅朋友與長老們。

　　本內容起源於新課綱於校內開設「桃園走讀──族群學」課程所累積的叩門石，感謝曾協助課程的所有友人。近年許多長老族人致力於泰雅精神傳承，部分青年也返鄉嘗試文化推廣，旅人們若有機會到部落由他們導覽，必能感受更深。

　　這世界所有的族群或人們，都面對不同的挑戰，不管身處平原山地、都市或荒野都需要生存的智慧，也值得彼此尊重與學習。如今全球有著更多待解的難題，或許也在 sbalay（尋找真相、和解之意）的精神下與自然和解、與歷史和解，彼此交流後，尋到新的解方。

　　特別感謝：蜻蜓部落喜願・達告、魯祝・拔尚、卡普部落李依婷小姐、林英美小姐、林雪美小姐、林日昇先生、Walis Hayoun、溪口部落羅程瑋先生、羅浮部落 Ciwas 小姐、三光部落高進明先生、新竹尖石田埔部落芭翁老師、鎮西堡部落 Atung Yupas 牧師、Ataw Yupas 長老、楊麗琴小姐、林文正老師、李宗俊老師、陳美燕老師；以及本校劉思德主任、張美慧老師、褚謙吉老師、許槐烟老師等曾協助走讀課程的合作夥伴和參與者。

問題討論

1. 如果讓你重新為復興區命名，你會將此區取名為什麼？為什麼？
2. 請試著重新思考「水資源與公共利益」議題，在氣候變遷的今日，該如何因應？

水資源主題延伸走讀

卡拉社部落 1957 →大溪鎮的中庄（葛樂禮颱風／部落全毀）→觀音大潭移民新村（鎘米污染，大潭火力發電廠開發，再度被迫離開家園），原民館旁重建

延伸閱讀

1. 官大偉，〈民族地形學與社區防災：以泰雅族 squliq 語群土地知識為例之研究〉，《人文與社會科學簡訊》17 卷 4 期（2016），頁 60-67。
2. 楊舜安，〈桃園縣復興鄉石門水庫集水區內原住民生態保育認知、管理策略與推展生態旅遊之研究〉，國立嘉義大學農學研究所，2009。
3. 王學新，〈日治前期桃園地區之製腦業與蕃地拓殖（1895-1920）〉，《臺灣文獻》36 卷 1 期（2012）。
4. 傅琪貽主持，《大嵙崁流域北泰雅族抗日事件始末研究成果報告（簡版）》（臺北：行政院國家科學委員會專題研究計畫，2009）。

往三峽

往大溪　　　　往三民蝙蝠洞 ●
　　　　　　　基國派教堂

大溪老茶廠

　　　　比亞山部落　　　　　　　　**東眼山**
　　　　樟腦收納所
　　　　復興區歷史文化館
　　　　角板山形象商圈
　　　　角板山貴賓樓
枕頭山　**復興亭**

　　　　石門水庫

羅馬公路（往關西）　　　**羅浮部落**
　　　　　　　　　　　小米文化園區　　　**卡普部落**
　　　　　　　　　　　羅浮溫泉　　　　**小烏來**
　　　　　　　　　　　義興吊橋　　　　**宇內溪**
　　　　　　　　　　　樂信瓦旦紀念公園　**桂竹發展協會**

嘎色鬧部落

　　　　　　往明池

　　　　　　　　達觀山（拉拉山）

走讀角板山地圖。

第二部

敘事力、SDGs 與
地方創生

數位敘事力練習課

文、圖／王俐容
（國立中央大學通識教育中心與客家語文暨社會科學學系合聘教授）

新世代的數位教育

新的社群媒體（如 Facebook、PTT、Dcard）、新的搜尋工具（Google、Youtube）以及新的網路資訊技術（如人工智能演算法、大數據、機器人網路等），導致當代社會產生許多新的資訊傳播現象與問題。因此，我開設了「數位傳播思考與批判思考」這門課，希望提供同學在新媒體科技時代，習得參與和使用媒體的能力，清楚理解資訊傳播媒體的本質，正確使用尋找、解讀、創造與學習運練，進一步應用各種數位工具與社群媒體來進行敘事創作與實踐。

課程第一部分，主要關注當代傳播科技與社群媒體對於敘事的生產方式、傳播路徑、閱聽效果等，如何造成各劇烈的影響。

第二部分聚焦「敘事的應用」。敘事可以應用在社群媒體、搜尋引擎、內容農場、輿論帶風向與網軍留言等。敘事手法如符號學、文字、影片與攝影拍攝、說故事方式等，也大量運用於口碑行銷、科學知識寫作、內容農場與假訊息、網紅帶貨業配等各種面向。在目前的情境下，同學如何找到自己需要的文

本，並閱讀到正確的之事與資訊、接觸到好的內容？需要學習哪些搜尋能力？如何突破同溫層？以上問題的思辨都成為進行敘事學習的基本工作。

第三部分則強化同學利用敘事技巧來進行文本生產，進一步提供有意義的參與及實踐以及深化說故事、拍片技巧的能力，以達成敘事的效果。課程將分組進行文本製作（網路新聞、調查報導、微電影、紀錄片等等）作為課程成果，以強化同學的敘事實作經驗。

議題與融入敘事力的作法如下：

1. **課程模組化**：將課程分為議題專業分析、議題故事化、故事與敘事力養成與數位敘事實踐等四部分。
2. **議題故事化**：強化學生的日常生活經驗，進而引起其對周遭環境的興趣與熱情，並進行有興趣的個案故事發想。
3. **說故事與敘事力學習**：從故事發想、企劃到劇本寫作。
4. **數位敘事力的訓練**：經由真實世界的理解，就能跨領域學習。學生在真實環境中，藉由不同類型的故事寫作，如在部落格、臉書、網路、知識寫作、小說、劇本、戲劇、影像等等，透過多重的技巧學習數位敘事實踐。

課程設計

週次	課程主題	內容說明	敘事力融入課程情形
1	課程介紹	**假新聞/假訊息的七種類型 (First Draft)** 1.諷刺、惡搞：無意造成傷害，但有愚弄人的可能 2.誤導性內容：誤導性使用資訊以型塑議題或人的認知 3.假冒性內容：冒用真實的消息來源(例如捏造消息來源為美國廣播公司或是紐約時報) 3.虛構性內容：完全虛構新內容以欺騙讀者並造成傷害(例如假新聞網站或是內容農場) 4. 題文不符：標題、視覺資料或其說明與內文不符 5. 脈絡設置：真實內容被置於錯誤的脈絡 6. 操弄性內容：真實訊息或意象被刻意操弄來欺騙，例如變造圖片等等。	理解當代數位敘事的產業發展與挑戰
2	當代傳播現象與媒體素養：全球媒體產製的結構、問題與管制	Social media 的發展	理解當代數位敘事的產業發展
3	Social Media：Google、Facebook、Twitter、Wikipedia、Line 等社群媒體所發展的新產業、獲利方式與影響	Facebook個資事件懶人包	當代社群媒體如何影響敘事方式？
4	今天需要的數位媒體素養是什麼？	數位性暴力	網路上的霸凌與數位性暴力
5	你被監控了嗎？搜尋引擎與軟體服務如何操控我們的生活？	寂寞的誕生　facebook	理解搜尋引擎如何操控對數位敘事的製作與傳布

週次	課程主題	內容說明	敘事力融入課程情形
6	Disinformation、Fake News 與資訊戰	假訊息發展的背景 優質媒體的式微 社群媒體的興起：2017年美國調查從社群媒體得知新聞的比例為67%。 社群媒體的商業模式 新聞業的擠快效應	哪些數位敘事方式容易操弄人心與認知？
7	機智的網美生活（講者：胡采蘋）	主講：機智網美生活：Emmy Hu 經驗分享 主講者：胡采蘋 Emmy Hu	Youtuber 數位敘事經驗分享
8	期中作業：分析一個飲食新聞或報導		數位敘事的分析練習
9	從網軍到疫情：新聞產製的科技協力（講者：Reader 技術長一簡信昌）	數位傳播與批判思考 從知識到故事：負責任消費與生產跨領域敘事課群 －系列講座－ 10/14 機智網美生活 10/28 從網軍到疫情：看新聞產製的科技協力 11/04 事實查核的工具與做法	數位敘事力的培養

週次	課程主題	內容說明	敘事力融入課程情形
10	判定新聞內容真假的工具與做法：案例分析與討論（講者：麥擱騙總編審一葉子揚）		敘事與事實查核能力
11	數位敘事簡介：如何說一個故事？		數位敘事力的訓練
12	數位敘事練習：手機拍攝與敘事	林東泰，（2015），《敘事新聞與數位敘事》，台北：五南。	影片拍攝訓練
13	數位敘事練習：剪輯技巧	林東泰，（2015），《敘事新聞與數位敘事》，台北：五南。	剪輯訓練
14	數位敘事練習：飲食傳播為例		飲食傳播的敘事訓練
15	電影《焰火書寫》		印度賤民女性與社群媒體

191

週次	課程主題	內容說明	敘事力融入課程情形
16	假訊息防治與平台治理	歐盟數位服務法（DSA） 《數位服務法》中列出的監管對象包括：提供網路基礎建設的中介服務者（Intermediary services），例如：網際網路服務供應商者、域名代理註冊機構，涵蓋下項業者。 雲端及網站主機代管等服務提供商業者（Hosting services），涵蓋下項業者。 銷售方與消費者都使用的線上平臺（Online platforms），例如：網路商家、應用程式商店、共享經濟平臺，以及社群媒體平臺。 具觸及率且內容涉及社會極高之高度風險的極大型線上平臺（Very large platforms）。 ACCESS TO JUSTICE USER CONTROL CHOICE DSA	數位網路與治理
17	數位素養與批判思考	什麼是批判思考？ 1.反省與獨立思考的能力 2.建設性的思考省 3.選擇、判斷的能力 4.分析、理解與解決問題的能力 5.明辨是非層面的能力 6.表現能力 7.開放有彈性 8.中立、客觀、確定事實的能力	數位傳播素養與批判思考的實踐
18	期末成果發表會	從知識到故事：負責任消費與生產跨領域敘事力課群II 期末課程成果分享會 22.01.13. 數位傳播素養與批判思考 王舒俐 22.01.04. 飲食生活與文化觀會 胡川安 22.01.05. 歷史：走路聽風與跨域敘事 皮國立 主辦單位：教務處 執行單位：國立中央大學 計畫主持人：賀臼合 協同主持人：皮國立	影片製作分享

媒體生活反思與事實查核

（一）課堂作業與學生反思

這學期通常三分之二左右的課程都會寫課堂心得，主要內容闡述自己在這門課學到哪些新東西、對於媒體的現狀或發展有何看法、對講者的論點有什麼想法，讓同學在下課前可以再回想與記憶一次上課所學，並進行主題的思考。

1. 請同學反省自己的社群媒體使用，可能類似以下情形：

8:00　APP 叫我起床（有睡眠追蹤可以推斷睡眠周期並監控睡眠品質）

8:15　打手遊跟吃早餐

9:00　一邊上課一邊用 Line 跟朋友聊天、看 IG 朋友的最新動態

10:00　一邊上課一邊用 Google 查老師問的問題，老師講得太無聊時看 Dcard 鄉民嘴砲

12:00　吃午餐邊看 YouTube

13:00　回到房間讀書寫作業、一邊用聽音樂（KKBOX）

16:00　休息玩手機遊戲

17:00　喜歡的直播主會更新實況影片，每天收看

19:00　在 IG 或 Facebook 看看朋友在做什麼，回應互動一下

21:00　在 Youtube 上找影片，主要是遊戲實況，或玩手遊

23:00　追一下劇（Netflix）

經由以上的紀錄，協助同學思考社群媒體對於自己（或當代社會）日常生活介入的情形，以及在人際關係、資訊來源、思考方式等方面的影響。

2. 進行事實查核的練習

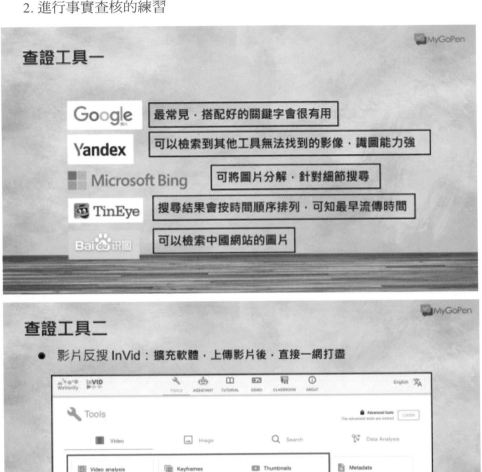

194

怎麼查？

- 同樣步驟，InVID 會將影片截圖；選定其中一張，按右鍵搜尋。

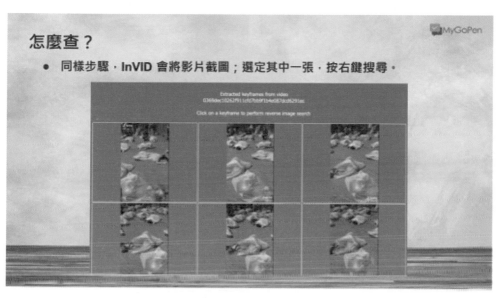

Bing

- 可選擇「瀏覽」或「貼上圖片網址」或「拍照」

3. 課堂作業的批判思考案例

主題	作業題目
第三周：紀錄片《個資風暴：劍橋事件分析》	1. 社群媒體如何蒐集我們的資料？ 2. 社群媒體如何影響我們的思考與判斷？ 3. 這部電影讓你反思到什麼？你會如何運用這部影片得到的經驗與觀點？
第五週：機智的網美生活	1. 演講裡，你知道哪些新的訊息或觀點？提出 5 個。 2. 數位社群媒體中，Youtuber 有哪些重要影響？ 3. Youtube 可否取代新聞？為什麼？
第十一周：電影《焰火書寫》思考	1. 弱勢團體如何掌控社群媒體的發言權來為自己的發聲與建立主體性？ 2. 從影片中學習到那些可以跟社會溝通的方式與技巧？ 3. 新的媒體科技如何影響社會與社會運動？
第十六周：數位平台治理政策（以下三題擇一，800 字）	1. 臺灣政府是否應該針對假新聞立法？ 2. 臺灣是否應該立法要求社群媒體管制假訊息？ 3. 臺灣是否應要求社群支付內容版權費（臉書已經答應法國要付費）？
第十七周：本學期學習的自我檢討	1. 在這個學期裡，你學到哪些數位傳播素養？ 2. 在這學期裡，你學到如何批判思考？有哪些方法？請舉例說明。

（二）期末成果發表

　　最重要的期末成果，讓同學分組以「食物假訊息」為主題拍片，運用各種數位敘事的類型，可以是新聞、戲劇、遊戲設計、路邊訪問測試、微電影、劇情片等等，作為他們數位敘事的具體實踐，本學期的主題與類型相當多元，幾個案例說明如下：

1.「餐廳評比」分析報導

　　臺灣民眾習慣用 Google 查詢美食的評價與評分，但忽略 Google 的（搜尋引擎優化）往往是廣告付費的結果，導致評分與實際品嚐的結果有相當落差。這組同學記錄拍攝下他們先在 Google 查詢的結果、分析其評論的分數與文章、然後實際去試吃，回過頭來討論這類型評分的問題與操作手法。影片拍攝並不出色，但發想與細節有新穎之處，呈現大學生對於 Google 餐廳評比的素樸經驗與心得。

2.「食物假訊息」微電影

　　食物的假訊息很多，以此主題編寫出來不同世代（女兒與父親）對於相關議題的反應與觀點（風格類似鄉土劇），議題雖然很普通，但本組在拍攝技巧與後製花了很多力氣與心思，很努力嘗試新的工具來強化敘事效果，增添不少觀眾繼續觀看的動力。

3. 營養迷思的電視新聞報導與搞笑喜劇

　　幾位觀眾看電視對於食物營養新聞報導後，急著要去找尋相關食物來補充

營養，然後被一隻「大雞」（一隻穿上公雞道具服裝的人類）衝出來阻止，說明報導裡面的誤差與問題，惡搞諷刺嚴肅的電視新聞報導，主角對白也非常好笑（為何是一隻雞？）。交錯電視新聞報導與搞笑喜劇拼貼文本，是很有創意的敘事手法。

4.「咖啡歷史」動畫製作

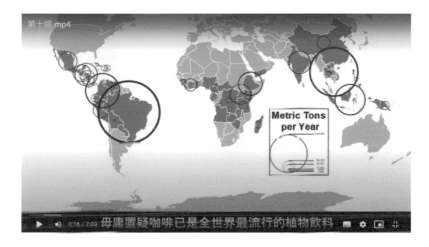

　　熱愛動畫與咖啡的同學，誓言結合兩者作出期末報告，前半段（兩分鐘）的敘事與製作都相當有模有樣，但後半段撐不下去草草結束，殊為可惜。小組同學表示，經過這個作業學到非常多動畫影片製作的技巧，比當初想像難十倍，熬夜數天，丟下手邊所有課業全心投入，成為大學裡難以忘懷、有甘有苦的經驗。

5. 結合闖關與推理的懸疑劇情片

　　大學室友離奇消失，大家輪流去找她卻都沒有回來，天啊，這是綁架案還是謀殺案出現在中央大學了嗎？主角找到被迷昏的同伴後，卻被一起困在大樓無法逃出，怎麼辦？這時候大家發現，要出去必須回答每個教室黑板上的問題，才能找到正確的出口，他們是否可以答對呢？

　　結合懸疑與闖關（有點像密室逃脫節目），讓觀眾學到正確的食物知識，小組用驚險刺激的情節與鏡頭語言，很完整的拍出一個有趣的劇情片（長約6分鐘），評審教師看了都很驚豔。

● 我的教學心得

　　這門課特別重視同學在每天日常生活的媒體使用時，如何覺知並理解自己的社群媒體使用情形、意識到自己如何被媒體影響，以及如何產生可能的質疑與批判。因此在開學初先進行安置性評量（前測），了解學生的先備經驗、先備知識及先備能力，以調整學習的目標。課堂提供了一段新聞影片，測試同學對於新聞的解讀與真實性的質疑或思考。之後開始傳遞傳播研究的基礎知識，

包括文本或符號分析、全球媒體產業發展、閱聽人研究，再慢慢進入介紹當代各種社群媒體、內容農場、資訊戰、帶風向與網軍現象等等。在這些過程中，透過課程作業、進行「形成性評量」，了解同學是否跟上課程進度，並於每次課堂作業來確認學生學習情形，預測學生遇到的問題和能力成長狀態。

敘事力強化的部分，分為四次課程：第一次課程說明何謂數位敘事？何謂敘事力？如何強化敘事力？第二次與第三次主要學習用手機來進行敘事的拍攝與剪輯；第四次帶領同學觀賞討論台灣各種不同以飲食為主題數位作品，例如食力系列專題、電視新聞報導、Youtuber 與吃播、食物紀錄片、食物動畫片等等，經由各種作品增加同學對數位敘事的想像力與理解力。

最重要的期末成果，讓同學分組以「食物假訊息」為主題拍片，可以是新聞、戲劇、遊戲設計、路邊訪問測試、微電影、劇情片等等，作為他們對課程的最後實踐，進一步鼓勵學生未來運用社群媒體，來進行自己的公共參與及討論。影片放映後接受同學詢問（類似映後座談），並進行「總結性評量」，確定學生有沒有達到預定的目標，針對學習成果進行檢視，並讓學生了解到自己的進步為何，增加融入感。

這門課開到第三次（107-2、108-1、與 110-1），今年因為加入了敘事力計畫，更強調敘事力的面向。另外，課程內容新穎難度很高，社群媒體使用的演算法，關鍵字排序，數據分析、網路聲量、流量或分潤的議題層面複雜；每星期每個月都有新的議題發展，或新的法案送出討論；加上人工智慧的不斷運用在新聞文本寫作、影像辨識與深偽（Deep Fake）技術的蓬勃、自然語言迅速發展、查核工具與技巧勢必持續創新，遠遠超過我之前所受過的學術訓練，需要訪談相關學者、或在特別議題尋求業界人士協助等等，上課都戰戰兢兢外加胃痛。但也是在這種緊張感與充滿未知的探索中，跟上課學生發展出的革命情感，類似師生共創一門課，或走過一段難以確定目的地的旅程，需要彼此的扶持與協助。

「跨」域形塑永續消費意識

文、圖／康珮（國立中央大學中國文學系專案助理教授）

● 跨域敘事實踐課程開發序曲

從博士班開始在大學授課，開設的都是文學相關課程，晃眼已經二十年。109 學年在通識中心開設了「說一個良心的故事：負責任的消費與生產」這門課，是一個從來沒想過的嘗試，從自己的舒適圈出發，領略的不僅是跨學門，也是跨身分的挑戰。

故事是這樣開始的。

2019 年，通識中心王俐容主任約了師培中心暨數學系單維彰老師、中文系鄭芳祥老師和我，詢問：「要不要一起申請教育部議題導向跨領域敘事力計畫？」教發中心吳穎沺主任覺得中央大學應該試試看，思來想去，「跨領域」、「敘事力」最適合實踐的場域不就是通識課嗎？

「要不要試試看？」

時間緊迫，在尚未摸清頭緒的狀況下，王主任帶頭，邀集了幾個老師，每人交出一部份，趕著完成了一份計畫書，結果是「未通過」。吳穎沺主任提出

既然已經有了合作授課的想法，不如先「落實課程」，鼓勵我們從校內的「教學創新補助計畫」開始。於是，四個老師三門課，開始了相互跑班，彼此對話的初體驗。

這個過程是愉快的，除了聆聽彼此專業之外，發現大家擁有志同道合、樂在教學的共同特質。2020 年寒假，王俐容主任舉辦了一整天的教學工作坊，除了安排學習所詹明峰老師分享評量的設計方法，也有一場創新計劃的成果討論。王主任問：「我們的計畫就結束了嗎？」單維彰老師回應：「如果要繼續，就要認真做。」

因此，我們決定以這個「微團隊」為基礎，再次挑戰「教育部議題導向跨領域敘事力計畫」。知己知彼百戰百勝，我們規劃已在計畫內的嘉義大學進行演講座談，了解計畫核心精神與目的，同時請人文學院林文淇院長參與這場座

教師團隊參加工作坊。

談。座談後，我們都認同這個計畫很有趣，對學生也有正面助益，於是有了「要就認真做」的共識。林文淇院長擔起組隊的責任，立即詢問歷史所蔣竹山所長、中文系胡川安老師，二位老師爽快答應，並提出可對應的課程。中央大學以管理學院著名，我們決定以聯合國永續發展目標第 12 項（SDG12）「負責任的生產與消費」為核心議題，開始規劃課程。

　　既然是生產與消費，怎能缺少管理學院的加入？徵詢以後，會計所陳建中老師願意加入團隊。終於，一支由文學院林文淇院長、單維彰副院長、通識中心王俐容主任、歷史所蔣竹山所長、會計所陳建中老師、中文系胡川安老師、中文系鄭芳祥老師以及我的八人隊伍組成了。這個陣容讓計畫總辦破例讓團隊人數由七人的上限增至八人，除了因為主管級成員之外，還因為這支文學院、管理學院、理學院、通識中心的團隊，跨得夠寬！於是，我們申請成功了。

教師團隊參加工作坊。

記錄下這個過程，我認為是有意義的。

因為要跨領域不是說跨就跨，不是將二個不同專業的人擺在一起就叫「跨」。大學在過去長期的發展下，分科越趨精細，同一科系中都可能因主修不同而不能互相理解，面對教育部要「打破科系藩籬」的大目標，「跨」並非易事。

讓二個不同專業融合，是需要想像力的。而教師除了願意提供自己所長，要能放開自己的界限、接納他者，才是更難能可貴的。我認為團隊順利組隊，是因為八位老師都有一顆敞開的心和願意改變自己、嘗試未知的氣量，要能成功跨出去，這是重要的一環。

● 跨身分：既是老師也是學生

「跨域共授」的難處，在於教師須具備對話的熱誠和意願，否則只是「組裝課」，一人輪流上幾週，彼此不相干，學生不了解為何將二位老師放在同一門課裡，共授的意義也就不存在。

要如何安排課程呢？要如何銜接議題呢？挑戰才剛開始。

團隊有二門跨域共授課，一門是在新創計畫已有一次經驗的「知識寫作與思考」，由師培中心暨數學系單維彰老師與中文系鄭芳祥老師共授；另一門則是完全為了這個計畫的新創課程——「說一個良心的故事：負責任的消費與生產」，由會計所陳建中老師和我共授。

單維彰老師是 109 學年度的計畫主持人，我是協同主持人。撰寫計畫書時，單老師指引我要把握住最主要的概念，也就是「議題導向」、「跨領域」與「敘事力」。單老師數學專業使他邏輯性極強，用詞講究精準，和文學訓練的我常慣於抒發明顯不同，我從中學習甚多。

在「說一個良心的故事：負責任的消費與生產」這門課中，我能提供的當

康珮老師授課。

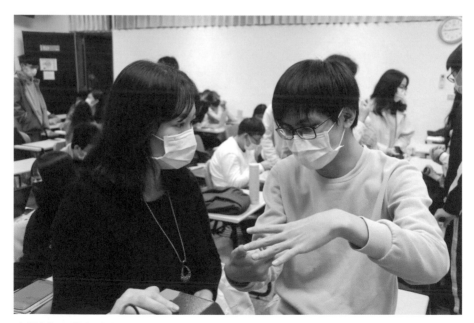

康珮老師和學生討論。

然是「敘事力」，建中老師負責「議題」，那麼接下來就是「跨領域」的實踐了。要怎麼跨呢？在第一次共授的過程中，建中老師與我如同學生般的摸索，並不斷觀察課程做出課程調整。

得先縮小議題才行，得讓學生有共鳴才行。

生產與消費的範圍很寬，我們的授課目標不是做廣泛的介紹，而是希望學生能在修完這門課後，生活中發生一些「質」的變化。

在共同備課時，建中老師提出學生作為消費者，較能從自身生活經驗發現問題，對「消費者」的身分更有感受力，所以課程名稱從 SDG12「負責任的生產與消費」，改為「負責任的消費與生產」，我們想先從消費的觀點開始，再擴及到生產端。建中老師講授消費者這個主題時，聚焦在減塑議題上，從中途島的信天翁，到海洋生態的破壞，逐步讓學生認識塑膠造成的地球災難。我則從各種敘事媒介和學生討論，如何用受眾觀點進行心理需求分析，接著講解說服技巧，教學生如何成功運用多種敘事模式，達到有策略性的說服目的。

每週上課我們會調查詢問：「你改變了什麼消費習慣嗎？」大部分同學的答案是否定的。我們發現知識並不能等價轉換為行動。學生從對減塑議題不了解，到能發現這個問題的嚴重性，就發掘議題而言可說是進步的，但學習單上能寫會說，生活卻不能實踐。桌上可能放著手搖飲聽著我們上課，椅子還掛著塑膠袋裝著用完的午餐。這不是我們期待的結果，若從說服的角度來看，我的教導並不成功，我並沒有說服學生。

建中老師的課程重點在喚起學生的良心，呼籲學生「消費者的行為可以改變生產端的決定，大家的改變擁有使生態變好的良善力量」。他帶領學生誦讀佛洛姆經典名著《愛的藝術》，透過冥想和獨處，要學生到校園找安靜的角落，進行與內心的對話。他想讓學生體會只有出自良心的行為，才是真正的快樂。閱讀《原子習慣》的文章後，他說明習慣的養成就像複利的累積，學習單提供問題反思如下：

【問題 1】：

　　「學習減塑」這件事，你可能遇到哪些困難？如：我「不知道為何」要減塑。我覺得應該要減塑，但「不相信可以成功」減塑。我想減塑，但「不知道如何」開始。我認為自己減塑的「改變很微小，意義不大」。我認為減塑並「未帶來快樂」。

　　我則是請學生分析自己願意實踐或不願意實踐的心理，找出受眾的多種可能，分別進行說服。

【練習範例】：對於不願意減塑的人，可以採取哪些說服方法？

	受眾族群	心理分析	採取策略與方法
1	學生	覺得麻煩	店內提供方便取得的替代式容器或提袋；可提倡大家將多餘提袋捐贈到店家，供人免費取拿。
2	年輕人	有從眾或偶像崇拜傾向	請明星拍攝公益廣告，營造自帶環保杯或餐具為時尚的印象。
3	家長	注意孩子健康	宣導塑膠造成的傷害會循環影響人的健康，並以形象化的廣告加深印象。
4	關注公益的上班族或學生	已具有環保意識	只需喚醒良心，愛地球即可。

　　過程中，陳建中老師不像會計老師，反而是個循循善誘的人師，相信人性為善，一點即明；我更像來自商科，從實效主義出發，從人所關心的利害作為說服考量。就這樣，一位老師教議題專業，一位老師講方法策略，在週次之間搭配，議題在前，討論與反省在後，學生學期末須產出對議題的思考與觀察。學習成果頗為豐盛，有環保吸管、環保衛生棉、如何回收再利用手機零件，以

及如何減低網購造成的汙染，都是很切近學生生活的問題。

跨界線：勇敢嘗試與挑戰

儘管我和陳建中老師都努力授課，但學生的教學回饋卻未如預期。有些同學認為知識量不足，有些同學覺得敘事和議題未能達到完美的結合。

110 年度，歷史所蔣竹山所長承擔新的一期計畫主持人，皮國立老師為協同主持人，二位老師分擔了更多計畫的任務，留給我們更多時間思考並籌備這一門課。和陳建中老師有了一次的合作，第二次的共授我們都有更多想像，也在備課過程嘗試溝通彼此想法。

陳老師修正了過去多使用影片和 ppt 的授課分式，決定扎實帶領學生閱讀《重新想像資本主義：全面實踐 ESG，打造永續新商模》這本書，原本陳老師希望以隔週輪流的方式進行：他講授一章，我帶討論一章。但我認為，這門課中「敘事」不應是配角，也因此我們在授課方式上有很大的歧見。

但這個歧見有積極的意義，幫助我經由對話思辨，更清楚認識了敘事的重要性，我認為是很可貴的發現，也很謝謝陳老師能理解並接受我的想法。任何議題都可以透過敘事來呈現，學生若能吸收議題，轉化成敘事表現出來，這個收穫就是自己的，誰都拿不走。因此，我對學生期末成果的形式有了全新的想法，我要舉辦一場 TED 演講，而且告訴學生「要玩就玩真的」，我們要學習「倡議」一件事。

建中老師以課前預習與課後回饋的方式，請學生用作業呈現對章節的理解。 他決定這學期從企業角度，讓學生了解 ESG 企業社會責任的重要性，在追求最大利潤的同時，永續企業是可以兼顧的。每週細讀各個章節，開放學生討論資本主義「追求股東利益最大化」在現今遇到了什麼困境？當前氣溫上升、生態破壞、價值體系崩解、企業成為自私的大怪獸，這些問題有什麼具體

實例？重新想像資本主義，可以在企業轉變為「利社會」的經營目標下，仍然獲取利潤嗎？

我則在每二個章節過後，搭配敘事課程。和上年度不同的是，講解完每一項說服策略，都會以消費、生產當作實例進行練習。

「賺錢需要良心，你被說服了嗎？」從這個問題切入，和學生開啟「說服」這門課。若說服的項目是一個商品，我們嘗試找出賣點、受眾、策略和手法，希望能朝目標行為一步步達標。從學生慣用賣家語言的習慣，移轉為使用買家語言的新思考。借用先秦諸子對人性論的討論為基礎，區分良心外鑠、良心內具；正向思考與消極思考等不同說服切入點。運用說故事轉譯的技巧，我們把具體商品、行為轉換為價值，推銷的不是減塑這件事，而是健康、環保、道德感、時尚心理以及對他人的愛。從得到的「效果」、「好處」進行說服，才能成功達成目標，「好處」不一定是功利的，做一件美事能讓心靈踏實自然也是好處。

幾週後，開始分組，接在建中老師的課程之後，就讓學生進行議題發想，例如快時尚、人造肉等。在學生蒐集議題相關資料的階段，我解說講稿結構，如何加入情緒行銷、善用數字、沉默留白、以提問為開場、以個人經驗達到共鳴、訴求渴望、讓同溫層說話等多種方法，讓演說內容更有變化。同時，透過「未來學」的浮現議題分析法，讓學生了解如何挖掘有價值的議題。

因應期末報告為 TED 演講形式，我邀請專業配音員季祥禎先生到課堂，教學

中央大學 文學一館 A 111
111.04.07 TUE.
13:00
|
15:00

說一個良心的故事：
責任消費與生產課程

今天，
你聽／說了嗎？
／一位聲優的告白

〔講者〕
季祥禎（專業配音員．蘋果日報記者）
〔主持〕
康珮（中央大學中文系助理教授）

從認知到故事：
責任消費與生產跨領域敘事力課群 (II)
教育部講專向敘事力計畫

季祥禎老師演講海報。

學生 TED 演講，主題為「快時尚」。

學生 TED 演講，主題為「內卷化」。

生聲音表達的技巧。待學生講稿完成，開始進行演講訓練。學校宣布因疫情遠距教學，我請每組負責上台的同學到教室實體演練，其他同學則透過鏡頭遠距觀看，包括音量、台風、姿勢、眼神、聲情頓挫，開始細部修正。

　　幾組同學講稿一修再修，練習就長達三週。最終，六組同學換著正式服裝，用演說倡議各種議題：快時尚造成的地球災害、人造肉是否可解決糧食缺乏、從 TNVR（「誘捕（Trap）」、「絕育（Neuter）」、「施打疫苗（Vaccinate）、「回置原地（Return）的縮寫」）看流浪動物的問題、疫情導致的環保問題、疫情後的人我關係，以及內捲化的人際關係。從學期初學生對 SDGs 的陌生，到現在能侃侃而談，有了相當明顯的進步。

● 教學以外未完待續

　　加入這個計畫，對我而言，產生了很不一樣的教學想法，有了微妙的化學變化。我開始思考文學院能夠給學生什麼訓練？對他們未來的生活、升學或就業，會有什麼幫助？過去，面對社會提問質疑，我們總是以涵養人文內涵、增進審美能力為回應。當然，人文精神不能廢，可是不僅、也不應該是如此而已。SDGs 可區分為社會進步、經濟發展與環境保護三大區塊，其中的永續精神就是以人為本的精神。這門課是「說一個良心的故事」，陳建中老師身為會計所的老師，課程強調的是「良心」、「利社會」，而這正是文學院學生最熟悉的優勢。

　　面對 AI 智慧的未來世界，不被取代的會是什麼？文學院應該發覺自己所長，找到一條新的路。議題與敘事，互為表裡，文學院的敘事可以更面向大眾關心的議題，和真實社會接軌，發揮的影響力將不可限量。

　　林文淇院長在第一期的計畫後，把 SDGs 的議題帶入了文學院，我們組成了不同教育部敘事力計畫的另一個團隊，繼續發揮計畫的影響力。我想，這個計畫不會因為結束而終止，它還在持續攪動著，產生漣漪般的影響力。

知識寫作與思考

文／鄭芳祥（國立中央大學中國文學系專案副教授）

「知識」的生產與消費

又到了每學期末人學生選課的時刻。猶記筆者於 20 世紀末，也必須要瘋狂的「搶課」。在那「都……逼……」刺耳連線聲後，網路總是不通的撥接時代，依稀還記得天光未開，一群同學就要在廣闊校園內「遊蕩」，等著通識中心開門方得以人工選課。目標也就是那些學長姐們「祖傳」，「○○與生活」、「○○與人生」之類的「營養學分」。年輕的自己，可能是新鮮好玩，更可能是同儕間的陪伴大過於選課本身，校園內那家早餐店的微光，如今仍在心頭閃耀著。

通識博雅課程被學生視為營養學分，甚至是可有可無的雞肋，這幾十年下來，並非什麼新鮮事。然而，博雅課程的重要性，已在《為博雅教育辯護》等等書籍中，各種研討會、獎項審查、教學會議中，不斷的被論述、強調。如今身為大學教師的筆者，面對此番學生學習意願低落的困難，亦不得不尋求突破。

　　幸運的是，筆者與校內一群志同道合的伙伴，組成教師社群。在幾年的經營下，從本校課群獎助、教育部「敘事力」計畫課群獎助，得到校內外各方挹注。本課群在本校時任文學院學士班主任單維彰老師、歷史所所長蔣竹山老師前後帶領之下，訂定主題為「從知識到故事：負責任消費與生產跨領域敘事力課群」。除了實質的經費、人力外，更重要的是，讓大家多了不少交流、互動機會，從而在研究、教學都能彼此取法、成長。筆者在此教師社群獲益甚多，因而有幸能獲教育部教學實踐計畫獎助。

　　本課群計畫以聯合國永續發展目標（SDGs）中「負責任的消費生產」為核心議題，筆者所開設的「知識寫作與思考」課程呼應此議題，並由實體物件延伸到「知識」的生產與消費。本課程所謂的「生產」，指知識寫作作品的撰寫；所謂的「消費」，指知識寫作作品的閱讀與思考。在社群媒體的時代，甚至可以是轉傳、分享知識寫作作品，線上付費閱讀等，各種社群行為。在假消息、假新聞充斥的所謂「後真相」時代，我們無疑需要負責任的「知識」生產與消費。更進一步論之，學生能廣泛的閱讀知識寫作作品，在專業之外養成博雅的知識層面與人格素養，如此自然能體認到「負責任的消費生產」，乃至於SDGs的重要，並落實於生活、生命之中。當然，課程中亦以「飲食」為具體案例、範文，供學生閱讀、思考負責任的消費生產議題。

　　本文即以「知識寫作與思考」課程為例，說明嘗試解決前述困難所運用的教學改革方案，所欲營造的教學情境，以及學生於課程結束後的成果產出。總的來說，本課程融入 SDGs 議題與敘事力教學，旨在協助學生寫出屬於自己的知識寫作作品。

● 學、思、達的實踐之旅

　　為解決前述問題，本計畫擬定「目的性閱讀、師生分組討論、學生實作、

教師協助」為教學改革方案，並強調每位學生都能在師生共同討論、修改後，完成知識寫作文章。故除了筆者單向的講述教學外，亦結合了許多師生參與過程。

（1）目的性閱讀

每領域主題開始前，於網路學習平台（ee-class）、社群（facebook）提供該主題知識寫作閱讀範文若干篇，並依「掌握內容旨意、寫作方法」、「探討延伸議題」兩個層次，向學生提問。閱讀範文與問題兩者，結合成為學習單一份。學生應於上課前自學，並思考、作答教師所提出的問題，進行有目的性的閱讀。

（2）師生分組討論

每週上課時，學生分組入座，並對教師所提供的學習單，或者同學提出的知識寫作初稿，進行閱讀與分組討論。教師則示範其建議與批判，或者巡迴各組，參與討論並引導思考。討論結束，學生應繳回每週學習單。以上教學改革方案，參考張輝誠於《學‧思‧達——張輝誠的翻轉實踐》提出的「學思達」教學法。

（3）學生實作、教師協助

學生選擇三大領域其中之一，於閱讀範文課程活動結束後，撰寫該領域知識寫作計劃、初稿。教師於上課前批閱計劃、初稿，並於課堂中公開評論之。同時，亦安排其他同學擔任講評人，提出寫作意見。最後，則由作者統一回覆。全程嘗試以研討會的形式進行。同學們的寫作計劃、初稿經過兩次評論與修改後，於期末必須繳交完稿作品，由教師與助教統籌編輯成果集乙冊。

（4）融入敘事力與 SDGs 教學

一篇知識寫作文章，除了顯而易見的各種專業「知識」外，其實亦包括了「敘事」內容。舉例而言，知識發展歷程、知識發展關鍵人物之相關事蹟、知識與生活之關係等等，皆是「非虛構」敘事的重要內涵。本課程的目標，即在培育學生將知識轉化為故事的敘事能力。

本課程藉人文社會、自然科學、工程技術三大領域的知識寫作文章，帶領學生閱讀、思考、討論其中知識與敘事的安排方式。此外，亦與課群教師進行橫向連結，邀請不同領域老師分別依自身專長，進行新聞敘事、歷史敘事的生產與消費專題演講。

本課程於人社、自然、工程技術三主題中，嘗試融入 SDGs 議題導向的非虛構敘事教學。教師將帶領學生分析知識寫作文章中的敘事內容、敘事技巧，以及可能隨之而來的美感特質。為更緊密的配合本課群主題：「負責任的生產與消費」，本課程以營養師劉沁瑜《吃出影響力：營養學家的飲食觀點與餐桌素養》書中的兩篇文章，分別是〈節氣飲食〉、〈從產地到餐桌的意義〉，具體的由每天必需的三餐飲食，思考如何負任的生產與消費。教師引導學生們思考文章的敘事內容與方法、主要論點等等問題。

令人驚喜的是，學生在自由選題與探究後，亦選擇以 SDGs 相關議題為知識寫作的研究對象，包括「可負擔的潔淨能源」、「減少不平等」、「負責任的生產與消費」等等。儘管不是所有學生都選擇寫作這類主題，但在彼此閱讀、討論之後，SDGs 相關議題的思考、倡議、行動，已深入年輕學子們心中。

● 以學生為學習主體

本計畫之最重要的教學改革方案，莫過於「學生實作，教師協助」。相較於以往的課程，教師單方向講述的方式，本計畫更強調「以學生為學習主體」

的教學情境，教師僅僅只是引領、陪伴、提示的角色。亦即，整個學期的學習活動、動手實作，乃至於最重要的期末知識寫作文章，學生皆擁有比較高的主體性。

前述其他教學改革方案，如「目的性閱讀」、「師生分組討論」等等，是每週上課固定進行的教學活動，亦是在這穩定節奏中，學生將慢慢習慣前述教學情境。教師只是從旁協助者，即時給予提示與指導，隨時鼓勵、導正，掌握寫作進度，一步一步穩健地完成期末成果。

教師社群所帶來的改變

除了前兩節所說明，直接作用於修課學生的教學改革方案，本節簡述本課程教師及教師社群成員在教學上改變。

本課程於 108、109、110 三個學年度開設，前兩學年度皆由筆者與教師社群中的單維彰教授共同授課。整個學期 18 週課程，皆由兩位教師、一位助教共同在教室中帶領修課學生。於每週課程前的備課會議中，兩位教師與助教針對教學流程、觀察心得、學生反應等等進行討論。由是觀之，兩位教師皆是彼此最好的觀課者，助教又能同時關注教師與學生的表現。筆者來自中文系，另一位教師單維彰教授則是數學系、文學院學士班合聘教授，三年來的助教同學

則分別是物理系、光電系學生。如此領域組合，不難想見在授課與備課時彼此之間的各種智慧激盪。

本課群組成教師，則來自中文系、數學系、歷史所、客社系、英文系、會計系等跨領域不同系所。藉由各種演講、會議的討論，彼此交流教學、研究各種想法。教師視野得以開拓，當然也為修課學生帶來各種可能。

課程成果

本課程最重要的成果，莫過於 2019 ～ 2022 三年來同學們的作品成果集。由於幾乎每篇作品皆包括各種跨領域知識，因此在分類時僅能以該篇最重要的內容為判斷標準。以下表 1 呈現三學年以來同學們的成果作品，內容與 SDGs 關係較為密切者，則標以灰底。表 2 則是修課學生的科系量化資料。

 三學年同學們的成果作品列表。

領域	學年度	作者（科系）	篇名
人文社會科學	108	石沛彤（數學）	心理學真的「義理正大」嗎——淺談現代心理學的科學性與倫理議題
		林少琪（英文）	紅色高棉——轉型正義與人權
		林源煜（大氣）	媒體的昨天、今天、明天
		林綺虹（資管）	星途閃耀的秘密
		黃于亭（企管）	得不到，越想要？——論「禁果效應」
		黃祈鈞（英文）	DO YOU REALLY KNOW？——關於知識及蓋提爾難題的簡單分析
		楊嘉祐（土木）	遊戲的價值——不務正業的精神毒品

領域	學年度	作者（科系）	篇名
人文社會科學	109	呂怡萱（中文）	火星文來自火星嗎——注音符號的故事
		禹鈞（法文）	譯者之舵：文字擺渡者異化與歸化的抉擇
		葉家妤（法文）	阿德勒與他的個體心理學：誰在替你做決定？阿德勒有話要說
		劉品萱（客社）	生活中的儀式感：禮從何而生，儀因何而起？
		謝雨潔（光電）	學習型組織的神秘力量：以日本航空起死回生的案例探究
		林辰潔（客社）	體驗教育如何轉化人生：有意識的體驗讓生命更上一層樓
	110	陳毅（中文）	誰才是老大？古今政治人物與民間信仰的地位角力
		陳彥蓉（客社）	流動邊界：從歐洲難民議題再思他我關係
		李羿瑩（中文）	今天，你算命了嗎？關於《易經》與它的老古董「蓍草卜筮」
		李詠琪（化學）	動起來的音樂——行進樂的起源、發展、與介紹
		鄭伊婷（中文）	聽懂古典音樂，重要嗎？給平常人，進入演藝廳的底氣
		林侑幼（法文）	留住一場歲月靜好：從 Lofi Hip-Hop 找到專注的力量
		何雅智（中文）	新閱讀模式：在螢幕上跳躍的文字：文本 IP 化影視作品
自然科學	108	伍晁玉（經濟）	超級細菌將在世紀末消滅人類？——細菌與抗生素大戰將走向完結篇
		周育如（光電）	全台最冷科技——核融合的現況與未來
		周碩君（地科）	板塊的起源——從神話故事到近代地球科學研究
		林卉笛（數學）	聲波與生活——那些被運用在生活中的聲波
		徐悅禾（中文）	改變人類世界的數字——零
		劉欣旻（法文）	希臘神話中的天文——日昇日落

領域	學年度	作者（科系）	篇名
自然科學	109	王泊善（經濟）	記憶能否成為呈堂證供：司法與腦神經科學的交匯處
		宋姿妤（客社）	此闌尾非彼盲腸：有關闌尾的誤解與病症
		崔浩群（光電）	一介蛋白質引導全球狂熱：優生學的緣由與運動
		黃之辰（光電）	別用愛了，用冰發電吧！——可燃冰的發現、應用及油氣能源的未來
		許展昱（光電）	遺害／澤 4000 年：淺談微積分的歷史
		陳筠欣（大氣）	在無人之境唱那鯨之歌：成為一名「鯨語者」
		廖芷曼（土木）	你不是不聰明：愛上學習
	110	劉亭妤（企管）	真相大「白」！生乳捲現形記：小心乳製品資訊不對等
		何承道（客社）	在那碗暖熱相思之中你所不知道的紅豆故事
		潘欣妤（資工）	永續設計不是學者的專利！善用樸門思維，就能在日常中與萬物共好
工程與技術	108	匡高遠（英文）	比特幣暴富神話的背後
		李怡穎（數學）	是時候了，來溜板吧！
		莊宇正（物理）	不可思議的運算速度——淺談量子電腦
	109	胡芊柔（數學）	手遊到底怎麼了？隱藏在快樂表面下的那些事
		郭凱丞（物理）	拳，如何發力：電影與現實格鬥的差異
		曾怡翔（大氣）	淺談登月：外太空探索的第一步與臺灣的登月進程
	110	吳政佳（電機）	Link Start! 從實現《刀劍神域》來看現今元宇宙技術
		周欣凝（英文）	YOUTUBE 深處住著崩壞的卡通人物!?讓演算法告訴你別用 3C 打發孩子的理由

表二 ▶ 「知識寫作與思考」課程科系量化資料。

學院	人數	學院	人數
文學院	14	理學院	12
客家學院	5	工學院	4
管理學院	5	地球科學院	4

　　據以上兩表格，總計共有人文社會科學領域 20 篇、自然科學領域 16 篇、工程與技術領域 8 篇。文學院、客家學院、管理學院三個「社會組」科系有 24 人，理學院、工學院、地科院三個「自然組」科系則有 20 人。

　　由此簡單統計資料不難得見，人文社會科學類的作品，仍然占絕大多數。而且，其中又有 15 篇來自社會組科系。另一方面，自然科學、工程技術領域共計 24 篇，其中就只有 9 篇來自社會組科系。由是觀之，儘管學生們絕大多數書寫非所學專業的主題，但教師仍可以多多鼓勵更大膽的跨領域寫作。例如，徐悅禾同學雖就讀中文系，但與一般常見由於英文、數學太差而讀中文系的人不同，她卻熱愛數學，於 108 學年度作有〈改變人類世界的數字——零〉一篇。除了受到數學系單維彰教授肯定外，更令人驚喜的是，學期結束後悅禾積極投稿，幸獲知名知識型新媒體「故事：寫給所有人的歷史」網站刊登。這類大膽嘗試，並取得較好成績的例子並不多，教師與同學們尚待努力。

　　也不僅此例，前兩年的諸篇作品中，共有五篇獲得紙媒、新媒體刊登。這對學生與教師來說，都是莫大的鼓舞。出版過程中，諸篇標題略有修改，故重新製表，如下所示。

表三 ▶ 五篇獲紙媒、新媒體刊登之文章。

作者	篇名	刊登資訊
徐悦禾	〈【改變世界的數字】「零」的誕生〉	「故事：寫作所有人的歷史」，2020.5.23。
周碩君	〈被世人遺棄 30 年後，每次世界大戰都成為它的力量之源：板塊構造理論的誕生〉	「泛科學」，2020.10.30。
周育如	〈人類能源新希望？核融合的發展與挑戰〉	《科學月刊》613 期，2021.1.1。
黃之辰	〈別用愛了，用冰發電吧！―可燃冰的發現、應用及油氣能源的未來〉	「泛科學」，2022.2.23。
王泊善	〈記憶是否應當成為呈堂證供？司法與腦神經科學的交匯處〉	《科學月刊》627 期，2022.3.3。

結語

　　「知識寫作與思考」課程回應教育部計畫課群主題，融入 SDGs 與敘事力兩項於教學內容之中，所採用的教學改革方案與課程成果已如前所述。為了全人類永續發展，我們需要落實 SDGs 各項議題。又為了引領社會全體關注永續議題且積極行動，我們需要一則又一則動人的故事。世間萬物，莫不有其運行不息之理。吾人處於天地間，亦不能無感於此。故謂「世事洞明皆學問，人情練達即文章」，筆者以此自勉勉人。也不只是教育部計畫內各課程需要回應此趨勢，而是身為大學教師的我們，或皆應在自己的一方教學天地中辛勤耕耘。筆者衷心的盼望，學生們能同時「成器」與「不器」，能成為專業人才之外，更能成為現代社會的優質公民。也許，這是「君子不器」的現代詮釋吧。

人文與科技發展
——理學知識與 SDGs

文／葉儀萱（國立中央大學文學院學士班學生）

 前言

　　自 110 學年度開始，我陸續接任了兩門教育部議題導向敘事力計畫「從知識到故事：負責任消費與生產跨領域敘事力課群」的課程助教。一門是 110-1 中文系胡川安教授的「飲食生活與文化創意」，另一門則是 110-2 單維彰教授在文學院學士班開設的「人文與科技發展」。中央大學文學院學士班於 109 學年度成立，整合文、史、哲、藝等領域的學習資源，並以專題計畫的課程設計，引導學生跨領域自主學習，讓文學院的學生不再只是背向歷史，也能展望未來，培養新世代所需的產業能力。「人文與科技發展」這門課，即透過廣邀客座講師的授課形式，拓展學生對於理學發展脈絡與永續發展目標的視野與認識。

　　本學期的課程一共分為兩大部分，「理學知識的發展脈絡」，與「SDGs的認識與應用」。過去，文學院學生也許很難有機會接觸到理學知識。在本學期的授課大綱中，單維彰教授如此寫道：「教師認為：『人文者，人之所作』。

故人文不限於道德文章戲曲圖畫，舉凡數學與一切分科之學（科學與技學）皆為人文。每個社會挑選一部份人文化成文化，近代科技不在華人社會的原生文化之內，所以它是文明而非文化。雖然社會大眾已經從事科技文明的生產與消費，但畢竟尚未能將這些文明化入文化，而這就是人文學者的責任與時機了。」

「人文與科技發展」這門課，顛覆了過往對於人文學科狹促的想像，將「人之所作」之所有學科皆納入同學的學習範疇，訓練同學吸收跨領域的新知、避免自溺於傳統的學術象牙塔。而隨著氣候變遷對於新世代的劇烈影響，課程也融入永續發展的議題，期待同學展開行動、開拓了文學院學生新的職涯選擇方向。

課堂上，我是助教，同時也是一位學生，與同學們一起聽講，也會參與提問。本課程有 23 名學生，其中 14 名來自文學院學士班，其他為選修學生，分別來自中文、英文、客家、財金、數學和中原建築系。同學需在下課後繳交個人筆記，並從十堂主題課程中至少整理出其中五堂的課程摘要與心得省思。如有疑問，也能在筆記或作業上註記。同學們需觀摩彼此的課程摘要、互相評論，並在期末時整理出學習檔案成果。每週演講結束後，單維彰教授針對同學們的個人摘要提出回應，同時也會補充 word 系統的排版細節，協助同學熟悉正規的學術稿件格式。

 課程介紹

（一）理學知識的發展脈絡

本堂課邀請的客座教授一共九名，陣容豐富精彩，前三堂課的講師皆為理工背景，分別是：中央大學物理系陳宣毅教授、宜蘭大學生物機電工程系蔡孟利教授、長庚大學生物醫學系羅時成教授。三位教授將平時的專業知識精簡、轉譯成較容易理解的單次講座課，扼要介紹各學科的歷史進程。

1. 數學知識的發展脈絡

1982 年，位於南非北部的國家溫達（Venda）發行了一套 History of Writing 的紀念郵票，而單維彰老師即從其中一張蘇美泥板的郵票（Pictographic Script Sumerian Tablet），談起數學從記帳開始的發展應用，以及日後因印刷術興盛造成的知識革命。

2. 物理知識的發展脈絡

陳宣毅教授將「物理」解釋為定量地描述（quantitatively describes）三件事：物質類的結構（structure of matter）、物質間的交互作用（interaction between matter）、物質間的變異（evolution of matter）。並以該定義為標準，梳理牛頓三大運動定律全近代相對論的發展進程，同時，也指出觀測工具對於科學發展的重要性。

3. 科學哲學

蔡孟利教授利用「化繁為簡、越簡越繁」的化約論（Reductionism）概念，解釋生物學研究的難處與奧妙、介紹「測不準原理」造成的實驗限制，並以己身著作《我的腦袋裡有實驗室的病毒，嗎？》探討實驗室中的學術倫理與性別議題。

4. 生醫知識的發展脈絡

最後的理學單元，羅時成教授透過細胞被發現的時間點開始，標示出生物學中的革命性發現，並以學界研究秀麗線蟲（Caenorhabditis elegans）的實例，試圖推演生物（人類）的起源與細胞功能。尾聲，則概略介紹疫情之下 Covid-19 的病毒知識與疫苗原理。109 學年，單維彰教授擔任文學院學士班「服務學習」課程的導師，同學們的服務內容是翻譯 Michael T. Osterholm 與 Mark Olshaker 在 2017 年的著作 *Deadliest Enemy: Our War Against KillerGerms*，書中描繪大型傳染病蔓延的情景，恰好對應近兩年人心惶惶的疫情時代。彼時，單維彰教授請羅時成教授協助審定譯稿，而同學們嘔心瀝血的翻譯作品《致命

微敵》，則成為本次演講的補助教材，供同學課前閱讀。

（二）SDGs 的認識與應用

課程後半段，則著重在介紹聯合國永續發展目標（SDGs）的認識與應用。挑選四項核心目標為主題。分別邀請中央大學客家系王俐容教授、財金系陳建中教授、國際水利環境學院游進裕博士主講、中央大學英美語文學系林建廷教授、台灣環境資訊協會李河清常務理事授課，最後則由中央大學研究員黃元彥歸納近年中央大學校與 SDGs 相結合的 USR 計畫與實踐，並在期中播映紀錄片《A Thousand Cuts》作為「SDG16：媒體識讀」的課程規劃。

1. SDG12：負責任的生產與消費

「當所有人都覺得瓶裝水是一個笑話，它卻改變了整個世界的消費型態。」

在王俐容教授的演講中，她介紹了 SDG-12 的八項細部指標，並以台灣全家企業「友善時光 app」的例子，證明永續與企業收益確實可以達到雙贏結果。此外，她也補充日本食農教育、義大利慢食運動、蘋果公司的回收機器人等相關新聞資料，讓同學了解目前世界在永續管理方面的趨勢。並且，王俐容教授也將 ESG 這項企業的新評估指標導入課程。期許環境保護（E，environment）、社會責任（S，social）和公司治理（G，governance）能夠成為新世代的企業發展指標、與商業利益被同等重視。

2. SDG12：負責任的生產與消費

「人類真正的問題在於：我們有舊石器時代的情緒，中世紀的體制，和神一般的技術。」

陳建中教授播映企業法人的紀錄片《The Corporation》，指出資本主義下，企業對政府、乃至整個社會的巨大影響力。在自由市場機制下，負面外部成本被順理成章轉嫁至第三世界的國家，導致開發中國家生態失衡、經濟低落。如

欲解決，則須改變傳統企業追求單一股東價值的運作模式，創造共同價值、建立使命導向型組織、重整財務金融制度、建立合作關係，並與政府單位配合重整體制。

3. SDG6：水資源

「水是記憶。」水資源方面，台灣有如富豪區的貧民，有著豐沛雨量，卻因為地形而無法妥善留存。游進裕博士分享原住民族的洪水傳說，師法原住民族群「有樹就有水」、「平衡生態系統」的水土保育智慧。介紹國際水文化的推動歷程，也補充台灣近年來針對水資源議題的倡導與突破，期許從過去的困境學習永續價值，重新孕育「融合」與「前瞻」的水文化。

4. SDG16：公義與有力機構

「每個時代皆得其應得之病（Every age gets the diseases it deserve.）」新冠肺炎的影響之下，林建廷教授以美國「新自由主義」崛起為例，探討種族上的資源分配不均。醫療精英主義與高端生物科技的利益取向，取代了國家對於人民福祉與公共衛生的持續投注。配合紀錄片《Dope is Death》，一窺美國表層之下錯綜複雜的社會網路，包含毒品、貧窮、族群、警察暴力等議題。

5. SDG-11：永續城鄉

「為什麼我們今天要談城市？因為城市既是問體製造者，亦是問題解決者。」氣候變遷對都市影響甚鉅。熱島效應、地層下陷、排水系統癱瘓、疾病與公共衛生等諸多問題，都令城市顯得無比脆弱。李河清教授介紹城市對抗氣候變遷的兩大方向──「減緩」（Mitigation）與「調適」（Adaptation），同時補充城市聯盟（Alliance of cities）等組織對於淨零排放這項目標的相關政策。最後以減碳城市的先驅──西雅圖作為個案，為城市的政府、企業、人民提供借鑑。

6. 其他 SDGs 簡介

最後一堂課，回歸校園中 SDGs 的實踐，黃元彥研究員羅列出近年來中央

大學的 USR 計畫，包含中壢平鎮的在地創生、新屋石滬海洋保育、復興區偏鄉教育、以蜂農為題的食農教育等，都是同學們熱烈參與的議題。除了分享學長姊的計畫成果，也透過實作案例，鼓勵同學將課堂上所學轉化成行動。

跨領域學科的新史學視野

　　學期初，不少學生認為這樣的課程規劃「太硬」，對於前期的課程規劃有些抗拒。很多人都是為了不要再碰到理科才選擇文組就讀，沒想到兜兜轉轉，居然還是逃不了正面對決的命運。這點也反應在作業的繳交量上，前四週有關理學知識的課程，平均下來，每堂課只有六人左右繳交摘要。而 SDGs 的相關課程，每堂課平均有十二人繳交摘要與心得。以下摘錄同學對於課程的心得回饋，可見同學對於理科硬知識雖缺乏理解，卻透過自行查詢資料、反思過往教育、嘗試將文學作為科學的載體等等，對跨領域的學科有了新的史學視野與切入點。

科系	學生	課程	心得回饋
文學院 學士班	林家綺	數學知識的 發展脈絡	這樣的追源探究課程讓我不禁去思考高中的教育體制。我們在學習一項新知時，從來不會去懷疑或是好奇那是從何而來嗎？前兩堂課彷彿完成了一趟國際數學巡禮，從古代的美索不達米亞開始環遊世界。學到了很多之前沒聽過的數學著作，對整體發展史更有基礎概念。
文學院 學士班	呂采蓉	物理知識的 發展脈絡	物理對我而言就像數學一樣，又難又艱澀。可是，我想我從來不會去質疑數學和物理，這實在是個不好的想法，但很有可能是因為我對物理和數學的理解實在過於平庸，也無法看出有什麼問題。

科系	學生	課程	心得回饋
文學院學士班	汪昱秀	生醫知識的發展脈絡	其實本次的講座我大概只有前半部聽得懂，後半部太多名詞在我所知範圍之外（像是線蟲那裡 CED 反應什麼的我真的難以理解……），所以有些部分的內容我只能略略帶過，甚至有點不太確定我的見解是否正確。但在寫摘要的過程中我找了許多相關資料來看，也算是種另類的學習吧，我受益良多。
文學院學士班	林哲緯	科學哲學	把文學作為載體、科學作為語言，融合成嶄新的面貌。個人以為這種「跨領域」的結合，或許才是未來教育的理想樣貌也說不定。

　　課程後半段有關 SDGs 的議題介紹，相較而言是同學們熟悉的主題，有了講師們更深入的引導，加上從小接受的環境教育、個人生活經驗的反思，同學們也能結合過去的課程，針對社會體制做進一步的思辨。

科系	學生	課程	心得回饋
中國文學系	金運程	SDG-12：負責任的生產與消費（陳建中）	在談論一切社會性的問題時，最重要的，就是要思考我們理想中的社會應該是什麼模樣？再自達成共識的結果中回推進步的可能，最終，嘗試凝鍊出方法論後謹慎執行。經濟巨輪的流轉下，艱澀的企業難題都勢必回歸哲學的道德討論，而此次思辨的結晶為一負責任的生產與消費乃奠基於民主的力量，民主的力量來自於「擁有選擇的權利」。而負起責任的方式即為爭取選擇的過程。

科系	學生	課程	心得回饋
文學院 學士班	林哲緯	SDG-12： 負責任的生產與消費 （王俐容）	本學期我修習了一堂課「環境新聞採訪與寫作」。從第一堂課開始，我撰寫了許多環境新聞如能源、廚餘、限塑、資源回收等等。雖然我並非環境領域的專業人士，但在學習相關知識、撰寫相關報導的同時，也意識到作為消費者的我們，雖然無法對生產端甚至政策端產生影響，但仍能透過自備購物袋、珍惜食物等微小的行動，為保護自然環境貢獻一份心力。
文學院 學士班	徐筠容	期末心得	後面幾堂討論 SDGs 的課堂都很有趣，我認為最棒的地方是可以促進我們的邏輯思辨能力，透過拋出一個個議題與實例讓我們可以反思面對 SDGs「我們要瞄準哪方面找資料」、「我們可以做什麼」。

（二）期末成果

　　期末，同學們將學習歷程檔案彙整於個人網站，讓學習成果透過影音、圖表等視覺化的方式呈現，成果驚人，超乎期待。其中，有四位同學的網站被票選為優秀作品，連結的 QR Code 如附表。從文章形式、網站架構、到視覺美化，都充分展現了強烈的個人風格。如文學院學士班的呂采蓉同學，將學習知識的旅程包裝成一趟乘著火車的採茶之旅，同時還收錄了其他課程的心得。

　　同學們發揮文學院學生所擅長的敘事能力，並結合美感與議題，達成「跨領域」的學習目的。而在這個高速運轉的時代，他們建置的個人網站，在往後也能成為各式作品的陳列空間、比社群媒體更為正式的成長資料庫，讓他們得以慢下來，重新反芻、咀嚼生活中所感所悟。

科系	學生	成果網站 QR Code	成果網址
文學院 學士班	林家綺		https://2022sth110108506.weebly.com/
文學院 學士班	徐筠容		https://sdgs-goals.webnode.tw/contact/
文學院 學士班	汪昱秀		https://sites.google.com/view/110-2hth/
文學院 學士班	呂采蓉		https://ssur.cc/woBZcpV

● 以一個學生的角度來看這門課

　　大學生活邁入第四年，中間歷經休學、從冷門的本土語言科系轉至文學院學士班，感覺每天都被一種焦慮啃咬。鑽研學問的過程固然快樂，但總是有一股茫然的失重感纏繞在身，上學仍會感到不踏實。同學間有些覺悟的，往往奔赴去開發另一項新的技能，有些轉系、再者輔系，「跨領域」三個字變成一根浮木，我們拼命往前游，卻看見那浮標也載浮載沉。究竟什麼才是我們需要的呢？各大報章雜誌中，企業渴求的高階人才，從「T型」、「π型」一路演化到「非型」，我們要學的東西似乎更多了，像隻蝗蜋，抓到一點「有用之學」的線索就往身上扛，到最後壓死自己不說，也說不明白自己到底會些什麼。曾經的牢騷，拜這門課所賜，一瞬間竟豁然開朗。記得大二時，曾經接過一項採訪工作，對象是中研院的理工科院士，目的是訪問院士的成長背景與研究歷程，提供給青年科學家借鑑。原以為自己已經做足功課，也寫好紡綱，沒想到院士忽然拋來一句：「妳知不知道今年生命科學界最重要的三件大事是什麼？」當下我支支吾吾，答不上來，最後幾乎是羞愧地低頭：「對不起，我是文組的，我沒有特別研究。」院士嘆氣，說：「這個事情不分文組理組都應該要知道的。」到了訪問尾聲，我從他的專業領域「腦科學研究」提出進一步的道德疑慮，結果他笑言：「我們科學家做的只管往前，哲學思辨是你們文組的事。」那次訪談給了我很深的震撼，直到這學期，我才知道院士當時的話中有話，不失作為「跨域學習」的實踐。在文學院學士班林家綺同學的學期心得中，她如此寫道：「通才不應該是各方知識的堆疊體，而是選擇知識的集中體。在擁有主要科目的專業知識後（當然，專業知識並不限於一個），輔助科目必須經過挑選，而不是到處東學一點西學一點。此處的關鍵是輔助科目是否能起到讓專業知識起到昇華的效果。在挑選科目後，在課程安排、師資安排、時間規畫上可能都需要相互配合、進一步調整。我們也要注意，不該一味追求社會上通才的誕生，

而忽略了專才的重要。」

這段話給了我極深的鼓舞。

從一個學生的視角來看這門課，單教授的課程安排確實給了我們全面性的訓練。也化解了心中的糾結，我在本堂課的深刻收穫，大致分為以下幾點：

（一）專業能力的提升

單教授在批閱同學們的作業時，特別看重「排版」、「修辭」、「資料來源」、「延伸思考」等細節，並會針對個人問題一一回應。從書寫技巧到報告形式，都被訓練得更為嚴謹，特別是軟體的排版與資料來源註記，是多數學生都容易忽略的基本功。透過每週作業的檢討，同學們對於文字與符號的掌握也更加得心應手，同時不忘複查資料的正確性，逐漸養成一個文字工作者應有的嚴謹態度。

（二）跨域學習的實踐

摘要寫作對有文學底子的文院學生來說，應當不會太難。不過，若是跨域的理科講座摘要，就考驗著同學對於課程的理解程度、資料蒐集、統整歸納的技巧。否則，便只會成為講者的複讀機，與繕打逐字稿並無二致。雖然講者的課程內容已經配合我們的程度調整，但是許多同學、包含我，都在撰寫摘要時感到受挫，透過不斷查詢資料中的專有名詞、尋覓「白話版」的解說，才能稍微理解。當然我們的程度無法與理工背景的學生相比，不過感覺卻像是將那道不曾碰觸的門扉開了一個小縫，循著縫隙的光線，重燃對於另一個世界的好奇、找回理學知識趣味性。跨域學習並不是期待每個人「樣樣都會」，而是以更遼闊的視野，去了解不同領域的專業與新知，並試著作為一個社會分工的中介者，讓知識可以透過轉譯流動、在團體中更有效率地完成工作。

（三）解決問題的動力

　　SDGs 的相關議題近幾年也被帶入校園，但我們都明白「知」與「作」是截然不同的兩件事。過去我們常被勸導能夠如何貢獻「個人力量」，不外乎就是多用環保筷、少用吸管之類，他人的苦難在遙遠的彼方，偶爾在環保團體的網站上簽名聯署，到人權組織寫寫信，卻還是重複著相同的日常，早已麻木。個人力量在強烈有感的氣候變遷面前，顯得如此蒼白。然而本學期後半段的講座，花了很多篇幅去說明「國家」、「企業」的解決之道，對比各國之間的政策、也介紹 ESG 的概念。當得知國內企業也已經開始響應，陸續開出永續管理師的職位，我才知道資本主義之下實踐永續的另一個方向，也重新打起精神，拾回解決問題的動力，在課程後自主參與永續議題相關的營隊與講座。

　　陳建中老師在課堂上引述生物學家 E. O. Wilson 所言：「人類真正的問題在於：我們有舊石器時代的情緒，中世紀的體制，和神一般的技術。」我想以這句話做為本課程的結語再好不過。「舊時代的情緒」令人們選擇衝突而非合作、「中世紀的體制」造成政府部門僵化、「神一般的技術」則引發工業革命以來的環境問題。也許，我們的使命，便是平衡人文思想與科技發展，作為銜接各方專業知識的協調者、敘事者，不停地傳達更多故事，在這個失速的年代試著延續人類的生命。

上一堂不一樣的地方史

文／皮國立（國立中央大學歷史所副教授兼所長）

踏出傳統，融入在地

2021 年，國立中央大學在敘事力計畫中，特別選定聯合國永續發展目標（SDGs）第 12 項目標「負責任的生產消費」（Responsible Consumption and Production，SDG12）作為核心議題，次要主題則是「良好的工作與經濟成長」，而場域就設定在桃園。在筆者負責的課程「歷史：走踏桃園與跨域敘事」內，可以說既要符合本校的大二歷史課程的開課需求，也要將敘事力的精神融入在地 18 週的課程中，培養學生探究議題的能力和尋找解答的策略和方法。由於課程只有不到半年的時間，學生來自四面八方各個學系，很多基礎的方法必須重新訓練，才能給予學生真實的幫助，所以本課程的內容粗略分為以下幾個方法學之訓練：田野調查、口述歷史、環境史、生產與消費議題、STS 的風險管理等面向的知識，充分達到既重視歷史學方法之訓練，也能兼顧跨領域的教學目標。

由於過去本校設立的大二歷史課程，包括筆者還曾經擔任過的中國現代史

相關課程，過去大多是以一本教科書從頭教到尾為主，甚至不少老師上課內容都不太更新，導致歷史課被年輕學子視為廢課，老師的筆記則被譏為「萬年筆記」，予學子觀感不佳。在方法學的訓練上，過去老師也大多以傳統的閱讀文獻、期刊論文為主，學生常常是被動學習，看了很多大學者的論文經典，不是不好，但課程評量標準常流於背誦，寫出來的小論文或期末報告，也和實際問題脫節。反觀教育部敘事力計畫的重點，卻是著重培養學生「自主學習」與「主動探究」，關懷身邊或大專院校周遭場域的實際問題，而非單純書本上的問題，是一項重視學生自主學習視角上的創新。

在這樣的課程設計中，學生寫出的文章或形諸於文字、敘事的呈現方式，也非學術審查，而是要能呈現實際問題，甚至提出解決問題的想法，並讓所謂的大眾（極度的專業則往往是「小眾」）看到、甚至實踐。這些差異，都使得所謂傳統的史學方法在應用時，必須改弦更張，融入在地的視角與對實際問題的觀察、論述，並尋求解決問題之能力。其實，臺灣史學界已注意到這個問題，並開始發展新的史學教育、研究模式，只是多數的史學方法專著，還未注意到這個趨勢，學術評鑑的方法過於單一，無法跟上時代變遷與社會需求。從上述也可知，臺灣的史學方法專著出版，重視刊印舊著，或是援引西方史學理論與最新的科學方法，然而那些方法都是去地方化的產物，更不是從學生的切身觀察或地方民眾的感受來出發。

● 大眾史學的應用：解決問題新方式

其實，目前史學界已開始進行反思，有助於我們將史學方法與現實問題進行一種轉化。緣於美國自 1970 年代開始出現傳統歷史博士的就業危機，逐步發展下，羅伯‧凱利（Robert Kelley）和威斯利‧強森（Wesley Johnson）於 1976 年開始發展大眾史學（或稱「公眾史學」）課程，要求學生針對機構、

公司、企業、社區等領域進行具職業性的「任務導向」，還需要到機構內進行解決問題式的實作課程；這些啟發，對於敘事力計畫課程之執行，具有實質幫助。大眾史學之課程訓練，還包括設計博物館展覽、保護與詮釋物質文化遺產（包括歷史建物和檔案），或是提供政策與研究成果、運用新媒體與歷史元素行銷等等課程，[1] 若能和傳統的史學方法進行結合，將之融入於課程當中，必定能發揮史學對於議題導向敘事力課程在實作層面的助益。

筆者認為，傳統史學方法並非全無用處，綜合大眾史學之關懷，授課教師在研究或教學上，除了閱讀傳統的文字史料外，可以進一步融合在地觀察，提出新的詮釋問題、解決問題的方式。筆者融合過去的史學方法與地方學的探究技術，並從敘事力計畫的實際授課中尋求解決之道，得到以下的方法與步驟：

首先，既以桃園為場域，就要先以歷史為主，步驟一是理解與認識桃園的歷史發展，[2] 透過探討人、物、空間與地方感之間的互動，找尋屬於桃園的歷史記憶。所謂的「歷史記憶」，關注的是民眾如何透過物件以及在特定的空間，產生地方意識與認同感。這樣的灌輸是有必要的，因為許多學生不是桃園人，甚至即使學生是桃園人，因為過去在升學主義的壓迫下，也很少思考在地意義的可貴。所以，教師應該和學生一同探究，在全球化的浪潮下，地方文化得以再生的理由；且當全球在商品、資訊、金融和空間認知都無可避免地逐漸一致化的過程中，這種來自地方的、文化的認同，反而具有無可取代的意義，這便是重視「地方感」的深層涵義。

在課程當中，因為本校所選取的主軸是「負責任的生產消費」和次要主題

1　可參考陳新，〈「公眾史學」的理論基礎與學科框架〉，《學術月刊》2 期（2012），頁117-123。王希，〈誰擁有歷史—美國公共史學的起源、發展與挑戰〉，《歷史研究》3 期（2010），頁 34-47。姜萌，《公共史學概論》（北京：高等教育出版社，2020），頁 1-69。以及周樑楷編，《人人都是史家：大眾史學論集》第一冊，（臺中：采玉出版社，2004）。

2　許雪姬，〈臺灣學 ·地方學 ·桃園學〉，《桃園文獻》2 期（2016），頁9-24。基礎史源就是賴澤涵總纂，《新修桃園縣志》（桃園：桃園縣政府，2010）。

「良好的工作與經濟成長」，故要對桃園的工商業發展，包括企業、勞工、土地、生產、消費者權益等相關歷史，進行初步分析，幫助學生明瞭大的歷史架構。不過，必須指出其中的困難處，就是地方史或地方脈絡之探究，常常碰到資料不足的問題，不像傳統歷史學課程那樣，有這麼多文獻與專著可供閱讀。因此，筆者除了會以「方志學」為基礎外，[3] 還需要教導學生探究之方法，使學生可以主動學習，挖掘與創造地方史料。就史學發展來論，每個地方都應該有單位或機構去致力纂輯各種史料，但在教學現場，這種呼籲緩不濟急，學生缺乏「現成」的資料來閱讀，故需要學生自己去發現與挖掘，才能訓練學生迅速「進入」地方，理解其情境、探索其問題。這時，自主蒐集資料的能力就相當重要，所以必須安排接下來兩次大的主題，以訓練學生去找到合宜的寫作材料。

步驟二，則是訓練學生口述歷史的方法。這個部分有相當多的資料和操作手冊可供學生參考，[4] 教師授課時可以場域與實際田野調查的例子，來教授學生相關的實作技巧。[5] 步驟三，既然要學生自主學習，當然要教導學生各種查找資料之方法，對文史工作者來說，掌握各種資料庫已成為不可或缺之技能，所以教師也會在授課時，教導學生閱讀在探究地方學的時候常運用的方志；[6] 各校圖書館數位資源中的幾個重要的資料庫，包括各種臺灣報紙資料庫、國史館檔案史料文物查詢系統、臺灣文獻館文獻檔案查詢系統、國家發展委員會檔

3 鄭政誠，〈戰後桃園縣各鄉鎮市志編纂的特色與侷限〉，《經緯桃園：2018 桃園學》（桃園：桃園市政府文化局，2019），頁 37-68。
4 例如許雪姬主編，《臺灣口述歷史的理論、實務與案例》（臺北：中研院臺史所，2010）。林德政，《口述歷史採訪的理論與實踐：新舊臺灣人的滄桑史》（臺北：五南，2018）。李向玉主編，《眾聲平等：華人社會口述歷史的理論與實務》（澳門：澳門理工學院，2013）。
5 楊善堯、皮國立主編，《憶載航空城：大園落地生根的記憶》（桃園：桃園市政府文化局，2022）。
6 鄭政誠，〈戰後桃園縣各鄉鎮市志編纂的特色與侷限〉，《經緯桃園：2018 桃園學》（桃園：桃園市政府文化局，2019），頁 37-68。

案管理局的國家檔案資訊網等等資源，筆者通常會花一到二節課的時間來操作給學生看。學會步驟二與步驟三後，即使敘事力的主題不斷更換，學生也會有主動探究之能力，是課堂結束後「帶得走」的實際能力。

　　進入實際的課程後，邁入步驟四。正如林崇熙指出的：「如果沒有從社會人文的角度徹底來解決，我不相信環境保護可以做好，這不是工程領域的人可以想的到的。」只從純科技層面來思考問題，卻不從土地上的人、社會與文化來思考問題，環保教育是絕對做不好的。[7]這段話顯示臺灣有非常多科技爭議的問題，往往忽略的社會文化與歷史的脈絡與背景，所以筆者會帶領學生從一些水汙染和產業汙染的實例，[8]來探討企業在生產端的社會責任，及其在產業、環境的影響下，會如何影響消費者的權益，讓學生理解，唯有企業控管好生產品質、兼顧農地、河川資源的永續發展，才能夠達到負責任生產消費之目標。步驟五，著重在實作技能訓練部分，敘事力的課程不能只有教導文字敘事，其實還有各種多媒體的呈現，包括拍攝短紀錄片、訪談影片等等，這個部分的技能，可以透過邀請校內外老師來分享，介紹一些實務操作的技巧與拍攝、影像敘事的技巧。其他如非虛構文本，微影片、桌遊或者是報導文學，抑或是臉書粉專或是網站、APP等等，學生若願意嘗試，也應該抱持鼓勵的態度，以達到多元敘事的成效。最後，步驟六在場域踏查和實作的部分，因為這兩年都受到疫情的影響，許多飲食的工廠甚至是私屬企業的博物館，都無法進行參訪，所以無法由教師帶領全班同學至廠區參訪，只能採取讓學生分組各別前往採訪的方式，進行調查研究。

7　王文基、傅大為、范玫芳，《台灣科技爭議島》（新竹：陽明交通大學出版社，2014），頁266-271。

8　例如請學生閱讀或報告，社團法人中華民國工作傷害受害人協會、社團法人桃園縣原台灣美國無線公司員工關懷協會，《拒絕被遺忘的聲音：RCA工殤口述史》（臺北：行人文化，2015）。以及皮國立，〈環境史視野下桃園水污染的問題（1970-2019）〉，何彩滿、魏立心主編，《桃李成蹊：桃園文史藝術與社會研究》（新北市：喆閎人文工作室、中原大學通識教育中心，2021），頁12-59。

● 學子敘事力創新成果

　　在特色住民與居住飲食文化介紹的主題課程上，[9] 比較特別的就是 2021 年上半年期末前，疫情稍微趨緩，筆者即帶領同學前往「郭元益糕餅博物館」參訪，隨後更有一組同學以該博物館為調查場域，完成〈郭元益歷史及其潛在食安問題與品管方法〉報告，指出郭元益食品生產流程中的食品檢驗中心，透過推行精密微量分析儀器、食品履歷、契作模式等步驟，來達到負責任的生產，並配合臺灣歷史上的食品安全事件，融入報告中共同說明，探討食品生產的永續發展，並完成課程的要求。課程中還有同學以中藥行的經營、藥材的控管為例，來探索老行業在新時代的意義與生存法則，將課堂上所教授的口述歷史與田野調查技巧，融入撰寫報告的過程中，完成敘事力課程的要求，都是很有意義的創新。

9　請學生與報告東南亞飲食小組同學閱讀焦桐，《滇味到龍岡》（桃園：桃園縣政府文化局，2013）。張世瑛，《不再流浪的孤軍：忠貞新村訪談錄》（臺北：國史館，2002）。

發掘在地魅力：
雙連時光藝站

文／李岱玲（中央大學「雙連時光藝站」學生志工團隊隊員）、
李蓉蓉（中央大學服務學習發展中心行政專員）

 雙連藝文改造，啟動！

看起來就是再平常不過的鄰里小巷，居住在社區中的人們就是常見的樣貌輪廓。像是隔壁巷子、總在聽崑曲時放的老大聲的黃爺爺，住在街口固定會在下午三點去公園串門子的劉奶奶……，就是一些我們再熟悉不過、習以為常的街坊面貌。沒有走進社區，沒有踏進這些長者們的家裡，怎麼樣也想不到原來那些看似平凡的老人家們，在他們的生命旅程裡居然經歷了那麼多的大風大浪，是我們這些生活在太平盛世的年輕人無法體會跟想像的。

之所以能和雙連社區有所連結，計畫跟事件的起頭及關鍵人物是服務學習發展中心的蘇立仁主任。蘇主任經由友人的引薦，最初走進雙連社區是為了推動反毒教育、落實社區醫療相關主題的 USR 計畫，因而結識了雙連里劉邦利里長及賴沛承里長夫人，也認識了社區內一群向心力強的鄰里和互助志工。

前後走動、耕耘了一年多，奠定了彼此一定的信任、互惠情誼，隨著時間過去，蘇主任也思考著該如何更進一步的深入社區及里民，帶著中大的學生們

服學中心主任及業師與雙連里里長初步會談。（圖片來源：作者自攝）

做更深度的反饋與服務。因緣聚合，2020 年新冠疫情爆發的同時，畢業於中
大、過去曾是蘇主任指導的社團的學生曹雅涵恰巧在停留於臺灣的期間和蘇主
任連絡上（曹雅涵校友自畢業後就在對岸從事社區經營、社會設計等專案運
作），相談之下有了契機及發想，於是在 2020 年三月協同著中心專員李蓉蓉
一同開啟了雙連社區的藝文改造專案，以雙連社區特有的多元族群及史地背景
為底，藉由藝術手法，形塑出老社區有別於以往的輪廓及樣貌。

🔴 雙連社區：一部活生生的史書

這項專案給了中央學子們一個舞台，對社造充滿熱忱的學生陸續加入，來
自不同的科系與年級的他們，為團隊注入了更多的可能性。經過緊鑼密鼓的籌
備期，「雙連時光藝站」終於在 2020 年六月正式運作，投入雙連社區之營造。
但對雙連社區的陌生與「社造」的模糊理解，讓尚仍青澀的學生們遇到了第一
個難題：究竟我們能為社區做些什麼？該為社區盡什麼力？而解決此問題的唯

一公式即為——一起走進社區，親身認識雙連。因此在老師的帶領下，學生踏入陌生的社區，嘗試與居民們對話，透過一次次的田野調查，勾勒出雙連社區更生動的面貌。在這過程中眾人感觸深刻，原來距離學校不到五分鐘車程的地方，是一部活生生的史書。

雙連社區曾為軍營舊址，雖非官修眷村，但廣納來自四海的軍人與其家眷，許多客家、閩南與原住民族群也在此落地生根，形成獨特的「類眷村」文化。但近年來八、九十歲的老兵們逐漸凋零，從原先 300 多位，到今年只剩下不到 40 位，老兵爺爺的故事不斷封存，所剩寥寥。團隊學生們從和爺爺的對話中逐漸找到了想要為社區做的第一件事——保留老兵的人生故事，並分享給大家。爺爺們大多為跟隨國民政府來臺的軍人，但一生際遇起落，截然不同，厚重且煙硝瀰漫的回憶，是歷史課本無法呈現的戰亂年代平凡哀歌。其中接受團隊採訪的七位爺爺，來自各個省份，有著迥異的口音，這對團隊學生是不小的挑戰，但透過一次次的拜訪，很快地與爺爺們熟悉了起來，甚至有位爺爺還熱情地邀請大家來家裡唱卡拉 ok。為了讓老兵的故事得以被珍藏且看到，團隊將採訪資料彙整後，製作成了「Story Map」，使雙連老兵的生命經歷成為公開的寶藏。

老兵爺爺面對磨難的堅忍，默默成為了學生的榜樣，不但讓團隊找尋到努力的方向，還讓我們自願「極限挑戰」，提案社區參與三個月後的「眷村文化節」。經過一個晚上的腦力激盪，大家希望在文化節上完成三件事：第一，為老兵爺爺們辦一場故事展；第二，將老兵的故事改編成兒童劇「報告！雙連班長！」，讓小朋友們登台演出；第三，以故事為基礎，設計實境解謎遊戲：「時光寶盒解謎探索」，吸引年輕人從玩樂中窺見歷史。學生們在發想第二與第三個活動時，考慮了許多面向：首先是從社區角度出發，希望能讓雙連社區眷三、四代的孩子們，知道老兵故事讓歷史傳承，也透過小孩子們的參與，帶動家中長輩的投入；同時，也希望透過演出讓其他社區居民能因此認識到逐漸消失的

口訪田調紀錄團隊合影。（圖片來源：學生團隊拍攝）

老兵回憶，讓社區「青」代對雙連有更進一步的了解，激發其守護、傳承社區瑰寶的理念。最後的解謎遊戲，則是面向非社區的遊客，希望透過靈活有趣的遊戲改編，讓年輕人沒有壓力與負擔地了解老兵故事，認識雙連社區的多元面貌。

　　眷村文化節的提案順利通過，團隊在卯盡全力準備文化節的同時，也不忘和社區居民一同學習，遠赴基隆觀摩優秀的社造案例「星濱山」，這過程中不但與居民建立更加深厚的情感，也讓團隊更了解居民們想要有什麼樣的社區改造。回來後，團隊將星濱山的成功透過一次次的討論、消化，訂立了下一個目標，那就是為雙連規劃出「走讀路線」，一條能看見雙連歷史與美好的社區遊覽路線。在工作坊中和居民一同腦力激盪，在三伏天中徒步確認適宜路線，團隊終於找出及格的答案。但從及格到滿分，還有很多路要走，在後續的活動中，團隊仍努力完善，並探索更多的可能。像是團隊在設計實境解謎的過程中發現，將走讀路線與遊戲結合，不但能加深「實境」的體驗，也讓雙連社區特殊風景如崗哨亭及已除役的戰車等歷史遺跡，得以自然地介紹給參與的玩家。

　　時間飛快地來到九月，為了文化節設計的活動仍如火如荼地進行，但團隊熱血的學生們決定再多做一件事：學生不忘最初對於雙連社區的陌生，在鄰近的中央大學求學四年也不曾知曉類眷村的震撼，因而下定決心將雙連文史帶進中央大學的校園。我們將整理好的故事資料與拍攝的照片，透過大圖輸出的手法，在學校建築的廊道中進行展示，並透過打卡按讚粉專上「走進雙連老兵的故事」的活動貼文，選出最喜愛或最有感觸的影像作品，讓中大學子留言回饋團隊。展覽開幕的當天特別舉辦了簡單溫馨的茶會，許多位校內師長、教官及桃園市政府青年事務局及文化局的長官們皆蒞臨捧場，也特別邀請了爺爺們來到現場一同參與。茶會席間教官和爺爺們有趣的跨世代學長弟互動，以及看展時長輩們的感動、雀躍的神情，在在都是令人難忘的地方。

　　隨著文化節的逼近，兒童劇場緊張的排練，年齡各異的「小小兵」們正在努力背誦長兵的台詞；解謎遊戲的設計者們也在反覆試驗遊戲故事的順暢，並投入一次次的實地實驗。雖然團隊眾人幾乎分身乏術，但總覺得還能再多做一點，讓首次參與的眷村文化節更加豐富，讓前期的田調資料能被更完整的呈現給大眾。因此大家熱血決議為雙連社區剪輯第一部紀錄片，透過塵封已久的照片與文件，重現爺爺們的故事，也記錄我們的第一個夏天。

● 眷村文化節：為下次旅程整裝出發

　　2020 年 10 月 10 日眷村文化節正式開幕，鄭文燦市長也特地撥空出席，兩天的活動皆圓滿落幕，團隊十分感謝老兵爺爺及其家眷與社區里民的共襄盛舉，使活動得有最高達 3000 人次的成績。而老兵爺爺及其家人對於團隊保存故事並活化改編給予的肯定，是我們收到最好的禮物。可惜的是，文化節後不久，疫情逐漸嚴重，線下活動只能暫時停擺，但團隊並未間斷投入社區的心力。為了更好地將正向改變帶入社區，團隊自發的開啟了讀書會，每週會閱讀兩本

眷村文化節活動照片。（圖片來源：學生團隊拍攝）

與社造相關之書籍，並於線上會議中一起討論，哪些調整後適用於社區之中。
除此之外，團隊也對眷村文化節的表現詳加討論，力求下次可以更加完備，因
此我們繼續透過田野調查了解雙連，並將視線投向過往被忽略的地方。

　　經過走訪交流團隊察覺，過往對於眷村的關注，大多集中在老兵們身上，
而其家眷往往成為故事中被隱匿的配角，鮮少被看見與關心。眷村中的女性陪
伴了軍人丈夫走過大半生，是另一個視角下的歷史見證者，且作為社區中堅力
量，她們不但將自身閩南、客家、原住民等傳統文化帶到雙連，還讓文化相互
碰撞融合，產出雙連類眷村的多元文化，這些同樣需要被發掘保存，因此團
隊希望在新的一年，除卻延續已實施之計畫，還要聚焦軍人家眷，從新的角度
認識雙連，展現雙連的多元樣貌。而展現的手法也需要有更多的創意，因此
2021 年團隊邀請了數位業師來帶領團隊完成更多的挑戰。

　　業師們皆為有豐富社造經驗的前輩，且各自擅長的領域不同，在業師幾次
工作坊的引導下，團隊學生於想像、規劃新計畫時，有了更加遼闊的空間。像
是經過老師的提醒，我們發現雙連的草木也十分有趣，有幾位奶奶竟懂得哪幾

個路段可以摘採野菜並做成料理。這些小小的新發現，如同悄悄點燃火引，讓團隊對接續的藝術季有了有趣的想法，並竭力使煙花綻放。團隊希望接下來的計畫能夠兼顧「五感」與「多元」的內涵，而「料理」恰好是一個很好的媒介。來自閩、客、原背景的奶奶融合丈夫記憶中家鄉味道的料理，成為了雙連獨特的好味道。為了能讓遊客在接下來的眷村文化節品嚐，團隊再次發起社區工作坊，選取了較適合發放的「醃漬物」作為主角，與居民們一同製作在地好味道。從採摘到製作至最後的包裝，團隊與居民皆親力為之，有幸於文化節期間受到遊客們的喜愛，這給予了我們莫大的鼓勵。

但如果只有醃漬物，並不能完整的傳遞背後的雙連婦女文化，因此團隊也將奶奶們的故事重新梳理、展覽，讓文化節來往的遊客得以認識到雙連女性的故事。除卻對社區外的遊人展示雙連的多元美好，面向社區時，團隊發現也有很多里民不了解自身社區豐富的文史。因此，團隊規劃製作了社區報紙，希望將訪談的故事展現給居民，不但讓居民了解自身社區，也讓大家了解團隊到底在做什麼。團隊也特別將一部分版面留給居民，作為「留言版」、「聯絡簿」之性質，鼓勵居民參與社區事務，勇於發聲。除了提供文字的交流可能，團隊也注意到社區中的「興發雜貨店」是里民們聊天休息的重要場所，所以徵得雜貨店主荊奶奶的同意後開啟了改造活動，透過藝術設計改變雜貨店的環境，轉換成更加美觀舒適的「客廳角落」。

● 我們在地方，創生影響力

而團隊兩年來的努力，似乎越來越被看見，除卻來自四方的支持，最直接的鼓勵莫過於經驗分享的邀請。比如雙連社區鄰近的六和高中地理科陳美燕老師和學生們，不但多次參與團隊舉辦的活動，也肯定團隊兩年來做的小小努力，邀請伙伴們至六和高中進行經驗分享。

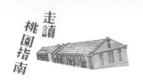

「愛與連結：女性多元文化藝術節」團隊合影。（圖片來源：學生團隊拍攝）

　　新冠疫情的衝擊在 2021 年 5 月來到了頂峰，原本規畫好的內容及推進時程大受影響，在三級警戒下原定與里民間的互動及共創工作坊皆無法順利執行，在剛開始大家其實是有些受挫的，但和師長討論後決定把非常時期轉化成蓄能的準備期，把賦能培訓的課程匯整、爬梳後，產出了「眷連不已」的雙連陂庄地方知識學網站，讓外界多了另一個媒介及平台能夠認識雙連。

　　團隊等待多時的籌備，終於在 2022 年 5 月舉辦了「愛與連結：女性多元文化藝術節」，將 2021 年學生的提案落實，舉辦雙連在地的藝術節，並與「我祝你幸福」善念行動張肖龍藝術總監、光角藝術周瑞萍老師及來自台東阿美族的藝術家阿信・沙華克延續了第二次眷村文化節的精神，以家中支柱奶奶們為主角，並進一步邀請社區志工跨界成為藝術家，與團隊特別邀請的藝術老師一同創作，完成「公共」的藝術作品。此外，也與社區媽媽和在地的麵包烘焙坊厚冶 CAFE 合作，共創雙連融合客家文化的期間限定美食。在藝術節規劃及最後落地執行的過程中，觸碰到了和在地企業合作的機會，這樣難得的學習經驗，讓我們從社區改造走入地方創生的可能性更近了一步！

參與的藝術：
成為社區流動的水

文／曹雅涵（眾藝院文化創意有限公司執行長）

● 邂逅「參與式」的開始

最早接觸到「參與式」的概念，是在公共議題的領域中，透過將使用者、利害關係人納入前期議題討論與解決方案形成的階段，讓真正的需求能被理解，也給予使用者權利發聲。

這樣的精神涉及的議題與解決方案的型態也非常廣泛，從社會企業推動與身障者協作的友善好餐廳 APP 系列，到政府單位與學者合作，辛苦推動多年的參與式預算，鼓勵公民提案，參與到市政規劃與預算安排的模式等等，總總多元的樣貌背後，講求的是一種共融的精神，以及試圖消除因資訊不對等、權力不對等，而忽略了重要群體聲音的結果。

而今天我們想討論的「參與的藝術」，也是在這樣的核心精神之下，希望透過藝術作為相對軟性的媒介，激發利害關係人對特定議題的好奇、關心，並打破過去只有「藝術家」才能創作的觀念，讓民眾也能參與在創作過程中，達到我們希望透過藝術促進的目標。

雙連時光藝站團隊於改造後的老雜貨店前合照。（照片來源：雙連時光藝站）

　　至於具體的策略與執行成果，接下來我們也將以雙連時光藝站團隊的幾個行動專案作為案例分享。

用故事打開對話

　　雙連坡的碉堡公園旁曾是陸軍營區，如今這裡除了遺留許多碉堡遺跡外，隨著國民軍來臺，退伍的老兵也在周圍落地生根，形成非列管的自力眷村[1]，而這些還健在的老兵如今也介鄰九十幾歲，他們大多不是被記錄在冊，為所有人認識的歷史英雄，但在那個無法全然作主的年代裡，他們也都拼盡全力，無愧自己的信仰、抱負，而如今和平年代，這些戰時故事雖然已成為過去，但作為地方文化形成的重要部分，生活在此的居民與孩子們，對此是否能有更深入

1　自力眷村：意旨那些沒有住進列管眷村的外省（市）籍人口，並不是平均散居各地，而是可能沿著既有的列管眷村、營區或是都市空地而出現某種群聚現象。李廣均，〈臺灣「眷村」的歷史形成與社會差異：列管眷村與自力眷村的比較〉，《臺灣社會學刊》57 期（2015），頁 129-172。

的認識與了解呢？

對此，我們與中央大學師生組成的「雙連時光藝站」團隊，決定進入社區以口述歷史訪談的方式，將爺爺奶奶的故事彙集起來，而除了蒐集故事外，我們也同時思考這些「老故事」又要怎麼重新活在人們心中？

在討論後，我們決定使用「社區劇場」的藝術形式，將老故事改編成由社區孩子們演出的劇本，組成一支短暫存在於 2020 桃園眷村文化節的「小小兵劇團」。

這支劇團成立的目的不是為了培養小小演員，而是希望透過讀劇本、演出角色的過程，讓這些孩子們與老兵打開對話的契機，也因為是由小朋友飾演的劇場，更自然帶動家長一同響應眷村文化節，達成當口 400 多位居民參與的佳績，其中包含了大部分受訪的老兵與其家眷，看到自己或家人的故事被重視，並再一次活躍在舞台上，讓有些老兵不免感動落淚，我們也從後續收集回來的居民反饋中，看到了許多無法量化卻實質存在的影響力。

「原來住在我們隔壁一條街的爺爺有這些故事，以後見到更親切了。」——來自小小兵劇團演員

「很難想像他們所經歷的人生故事。」——小演員的家長

「我們很驕傲自己的爸爸／爺爺的故事被那麼多人看見，他是我們家的榮耀。」——老兵的家眷

● 用味蕾打開好奇心

雙連裡除了眷村文化以外，也是個歷史悠久的客家村落，又因種種人口遷移的原因，形成了包含客家、閩南、外省、原住民、新住民的多元族群聚落。這讓我們不禁思考，融合的過程是怎麼發生的？又有什麼精彩的故事呢？

這一次我們選擇以飲食文化的視角切入，並將採訪的對象轉為雙連里的女

圖1　雙連時光藝站成員訪談退伍老兵。

圖2　社區孩子組成小小兵劇場,於 2020 桃園眷村文化節演出。

圖3　小小兵劇場演出側拍。

圖4　台下觀看小小兵劇場的老兵感動拭淚。

（照片來源:雙連時光藝站）

性們。

會選擇女性作為切入點，一方面是因為在訪談老兵的過程中，發現還能受訪的老兵有限，但他們的伴侶多還健在，而過去軍人們也常需要隨軍隊移防，真正停留在眷村中照顧整個家的角色，也大多是女性。同時，這些女性也代表著多元文化的一部分，從各地嫁到雙連里，重新適應新的文化，也將自己的文化帶進家庭中。

選擇飲食，也是因為這是最共通的話題，也是這些媽媽、奶奶們最能放鬆、侃侃而談的一件事。俗話說：「社區營造的過程就是故意將一件簡單的事變得豐富，讓更多相關連的人都能參與進來」，所以在這個快速前進的年代，我們明明可以直接走進商店買到花生糖、辣椒、福菜、金桔醬，我們偏偏要請出這些大隱隱於市的「主廚」們，親自帶我們做一遍，甚至是從產地到餐桌的過程，都讓我們再一次用過去的方式復刻一遍。

過程中雖然累壞了這些可愛的奶奶與媽媽們，但是卻也看到她們開心的笑容，拿回了自己的主導權與舞台的自信，她們的故事也更加生動起來。在「雙

社區媽媽與大學生一起手作蜜金桔。
（照片來源：作者自攝）

社區自製蜜金桔。（照片來源：作者自攝）

社區居民採摘芥菜，準備製作福菜。
（照片來源：雙連時光藝站）

社區晾曬製作福菜的過程。
（照片來源：雙連時光藝站）

藝術節期間限定歐式混搭客家風味餐盒。
（照片來源：作者自攝）

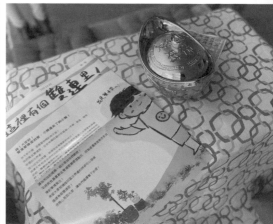

《這裡有個雙連里》在地文化刊物。
（照片來源：作者自攝）

連時光藝站」寫手團隊的努力下，食材以酸甜苦辣的滋味分類，與對應風格的女性故事結合，製作成第一本雙連社區刊物《這裡有個雙連里》，以及以柴米油鹽醬醋茶等分類，創作而成的數位故事地圖《雙連女子圖鑑》。

當然，既然是飲食文化，怎麼能少了吃的體驗？在「2021 年桃園眷村文

化節」中，我們除了展示這些傳統醃漬物、點心的製作過程外，也提供參觀的民眾小點心試吃，搭配著刊物閱讀，更能從五感體驗到雙連的在地文化魅力。

　　而延續飲食體驗這條線，2022 年的「愛與連結女性多元文化藝術節」也邀請社區媽媽與在地專業的烘培咖啡廳合作，創作出歐式烘培混搭客家風味的藝術節限定的餐盒，再一次透過食物設計，傳遞出雙連里多元共融的特色。

　　在藝術節限定餐盒中，有當巧巴達遇到客家鹹豬肉與花生粉，一口咬下還有驚喜的起司，打破「台式漢堡」天花板的「義式刈包」；有在地媽媽熬煮的桑椹遇到好吃的貝果，酸酸甜甜的「春神貝果」；還有在地客家酸菜結合義式佛卡夏，越嚼越香的「幸福佛卡夏」，勾起遊子對家鄉的思念。

在共創中一起梳理地方文化基因

　　從劇場演出到食物設計，我們與社區也慢慢累積出舉辦在地藝術節的能量。2022 年春夏之際，我們延續前兩年經驗，舉辦了「愛與連結女性多元文化藝術節」，雖說是藝術節，但可能跟大部分人過去的經驗有些不同，這場藝術節的創作團隊大部分並不「專業」，場地既不是在藝術園區，也不是在展館中，而是最貼近居民生活的碾堡公園裡。

　　舉辦這場「不專業」藝術節，不是為了展現絢麗的藝術創作，而是為了整個過程，我們關心的人都能一起參與進來，透過這種參與，也讓在地文化有了新的想像。

　　這次藝術節主要活動在五月底的週末，主、副展場的展覽則是延續一週。

　　主展場展覽是由雙連時光藝站團隊，從口述歷史文本中提煉出來的在地文化橫切面出發，分別從飲食、居住、女性受訪者的經典文句等面向，讓觀展者感受到這裡從過去到現在，都還在持續融合著新的多元文化，包含因為藝術節來到雙連里的人們，也將是構築這個新文化的一員。特別的是，主展場空間選

在碉堡內，更讓人走進當年的軍事遺跡，從空間感受過去的歷史。

副展場展覽部分，這次我們也邀請了臺北的藝術教育團隊，帶來心智障礙兒童在藝術療癒工作坊中創作的作品。作品展覽在在地企業歐得葆家具與厚冶咖啡廳的溫馨空間中，讓人看到藝術的多元可能性，並翻轉我們看待弱勢族群的視角。

藝術節中有兩件藝術品是由藝術家與居民共同創作完成的「共創藝術裝置」，一件是由回收漁網、社區廢布料編織而成的碉堡意象作品；另一件是種在紅土地上植栽創作「平安 Peace」字樣。這兩件作品都和社區文化與藝術節命題有關，居民的參與度、用心程度很高，也讓這場藝術節更像是由社區生長出來的。

適逢疫情嚴峻，原先規劃的走讀活動我們以線上參與現場導讀同步進行方式，讓未能來到現場的朋友也可以線上看展，聆聽雙連的在地文化；而親子活動雖說很可惜因疫情未能如期舉辦，但活動設計上也值得未來參考，我們以靠近住宅後院的水圳為題，結合社區生態、生活方式探索的課程安排，希望讓永續議題回到生活周遭，讓孩子從小有感。

另外，開幕式演出也是這是這次藝術節的亮點之一，由社區平均 80 歲的長者們組成的「長輩打擊樂團」帶來精彩的太鼓演出，長輩們為了演出練習了一個月，可以看出大家對參與此次藝術節的熱忱，不同族群都用自己的方式成為藝術節的一部分。

回到參與式的邏輯再次看藝術節，我們可以將整個過程分為四個階段：

- **籌備期**：跨界的開始、挖掘地方元素
- **共創期**：共感地方元素再創作
- **活動期**：地方話語權的建立與擴散影響力
- **沉澱期**：下一階段「參與」行動的醞釀

社區藝術節碉堡內策展一隅。
（照片來源：作者自攝）

長輩打擊樂團於社區藝術節的開幕演出。
（照片來源：作者自攝）

　　當然每個地區的資源與條件不同，也不是將整套方法照搬就能有效，但回到藝術參與的目的來看，重點是找到地方的議題，並且設計合理的參與路徑給不同的關係群體，讓藝術行動成為策略而不只是目的。

留出一個對話能發生、發酵的空間

　　活動的舉辦如同推進器裡點燃火藥粉的那把火，然而平時若沒有累積火藥粉的空間與時間，就算火焰再大，也很快會燃燒殆盡。這個比喻想說的就是我們在社區日常當中，可以嘗試留出一個對話能持續發生、發酵的空間。

　　在分享雙連里的案例之前，我想分享一個日本喫茶洗衣店[2]的案例。

　　東京下町區有一間55年的老空屋，在透過創造系不動產的調查與翻修後，變成了一間「人與人能交流的洗衣、喝咖啡場所」。和日本大多數要求安靜的公共空間不同，這裡希望成為讓大家「開放」的交流空間，於是在主婦店員的

2　謝子涵，《抓住風一樣的人：政藝少女的日本地方創生官僚見習》（台北：斑馬線文庫，2020）。

社區藝術節居民共創編織作品的過程。
（照片來源：作者自攝）

社區藝術節水圳親子活動。
（照片來源：雙連時光藝站）

　　穿針引線之下，慢慢串連起一個街區主婦的社群。主婦們能自由地將家中洗衣器材，甚至是手工藝品搬來這個空間，也可以在這裡舉辦任何活動，甚至咖啡廳裡的餐點，也是由其中一位主婦發想的提案，這裡漸漸形成了一個「自下而上」生長的共享經濟空間。

　　回到雙連里來看，在碉堡公園步行 3 分鐘的 T 字街口，有一間由退伍副營長太太經營 60 年的老雜貨店。雜貨店的店門口始終放著幾張椅子，也總是有居民在此閒聊，據第三代經營者的說法，這是奶奶的想法，她希望給居民可以坐著休息的空間。

　　於是我們帶著設計師與木工師傅來此，翻修了舊椅子，也將轉角榕樹的底座用木工結構改建，創造了可以乘坐與放置物品的木平台，也順道為門面做了綠美化，讓轉角街口成為一個可以交流、辦理小工作坊的社區微空間。這個空間就像是進社區文化第一站的「小客廳」，許多後續的走讀活動，都運用這個空間來乘載導覽者口中的故事，以及藝術進入社區後帶來的新想像，我們也發現更多居民更常在此交流，這個順應需求而生的空間，也是我們對於參與式藝術的其中一種實驗。

5	
	7
6	

圖5　老雜貨店改造後門面。

圖6　設計師為雜貨店設計的木製立地招牌。

圖7　綠美化改造過程中邀請居民來共創。

（照片來源：作者自攝）

● 參與只是開始

　　看到這裡，你或許會覺得藝文終究是溫飽之後的精神追求，這些內容如同錦上添花，但我卻認為恰好是這樣一種柔軟的語言，讓社區的多元社群有了對話與理解彼此的空間，我們常說：「只要人對了，事情就好辦了。」參與式藝文活動的介入，就是希望成為社區流動的水，讓固有的模式鬆動，新的可能破土而出。最終，我們期盼看到的風景，是每個人體會到自己就是社區的一部分，更願意從他所在的視角出發，拉上彼此的手，一起去探討、去協力改善所看見的問題。要讓社區變得更宜居、美好，那麼從藝文開始的社區參與，就真正開出了各種美麗的花朵。

國家圖書館出版品預行編目（CIP）資料

走讀桃園指南／蔣竹山主編 . -- 初版 . -- 臺北市：
蔚藍文化出版股份有限公司 , 2024.05
　面；　公分
ISBN 978-626-7275-35-1（平裝）

1. CST：人文地理　2. CST：歷史　3. CST：桃園市

733.9/109.4　　　　　　　　　　　113005776

走讀桃園指南

主　　　編：蔣竹山
社　　　長：林宜澐
總 編 輯：廖志墭
執行編輯：雷子萱
美術設計：朱疋
內頁設計：藍天圖物宣字社

出　　　版：蔚藍文化出版股份有限公司
地　　　址：110408 臺北市信義區基隆路一段 176 號 5 樓之 1
電　　　話：02-22431897
臉　　　書：https://www.facebook.com/AZUREPUBLISH/
讀者服務信箱：azurebooks@gmail.com

總 經 銷：大和書報圖書股份有限公司
地　　　址：248020 新北市新莊區五工五路 2 號
電　　　話：02-8990-2588

法律顧問：眾律國際法律事務所
著作權律師：范國華律師
電　　　話：02-2759-5585
網　　　站：www.zoomlaw.net

印　　　刷：世和印製企業有限公司
Ｉ Ｓ Ｂ Ｎ：978-626-7275-35-1
定　　　價：380 元
初版一刷：2024 年 5 月